全景百科·学生版

令孩子着迷的100个中国之最

田战省 主编

陕西新华出版传媒集团
陕西科学技术出版社
———— 西安 ————

比陆地宽阔的是大海；
比大海宽阔的是天空；
比天空更为浩瀚的是
无穷的知识；
来吧！让我们一起去
畅游知识的海洋。
　　　——改自维克多·雨果

前言 *Foreword*

在中国五千年的历史进程中,中华文化源远流长,以其深厚的文化内涵,享誉世界。走遍中国的每一个角落,中国人民以无与伦比的智慧和想象力创造出来的奇迹逐一展现在我们眼前:最高的山脉、最大的古建筑群、最长的防御建筑、最早的天文记录、最早的奴隶制王朝、最珍贵的树木,这些奇迹已然成为横陈于大地上的历史记忆。

翻开你手中的这本《中国之最》,它将带领你开始一场前所未有的中国之旅。本书精选了100个中国之最,内容涵盖山河地理、建筑工程、科技成就、人文历史、珍稀动植物五大部分,图文并茂,精彩呈现,为读者全面展示了中国五千年最灿烂神奇的部分。

相信本书能够引领你走进时光的最深处,去感受中国文化的壮阔辉煌与生生不息,同时让你成为一个名副其实的中国通。

书虫俱乐部

目录 Contents

山河地理

- 10 最高的山脉
- 12 最高的山峰
- 14 最高的高原
- 16 最大的平原
- 18 最大的草原
- 20 最大的沙漠
- 22 最大的盆地
- 24 最大的黄土地貌
- 26 最大的自然保护区
- 28 最大的林区
- 30 最长的河
- 32 泥沙最多的河
- 34 最长的地下河
- 36 最大的咸水湖
- 38 最大的淡水湖
- 40 最深的湖
- 42 最大的峡谷
- 44 最大的瀑布
- 46 最大的海
- 48 最浅的海
- 50 最大的岛群
- 52 最大的岛屿
- 54 最大的冲积岛
- 56 最热的地方

- 58 最冷的地方
- 60 最大的城市
- 62 最大的山城
- 64 人口最多的民族
- 66 人口最多的少数民族
- 68 人口最多的省份
- 70 人口最少的省区
- 72 面积最大的省区
- 74 煤炭资源最丰富的省份
- 76 第一个大规模的商业城市
- 78 建朝最多的古都

建筑工程

- 82 最长的防御建筑
- 84 最长最早的运河
- 86 最早的大规模水利工程
- 88 最大的古建筑群
- 90 最大的古代祭天建筑群
- 92 最大的城市广场
- 94 海拔最高的宫殿
- 96 最长的石窟画廊
- 98 最早建于悬崖上的木结构建筑
- 100 最古老的石拱桥
- 102 现存最早的皇家园林
- 104 最大的皇家园林
- 106 最早的石窟寺
- 108 最大的石刻佛像
- 110 最早的佛寺
- 112 最著名的寺院

114 最大的图书馆
116 第一次自建铁路
118 最大的水利枢纽工程
120 最大的礼堂

科技成就

124 最早的天象记录
126 最早的星图
128 现存最早的天文台
130 第一部比较完整的历法
132 最大最重的青铜器
134 最古老的计算工具
136 最早的地震仪
138 最早的麻醉药剂
140 最早的造纸术
142 最早的印刷术
144 最早的指南针
146 最早的火药武器
148 第一个测子午线长度的人
150 最古老的天文钟
152 最早的纸币
154 第一位发现地磁偏角的人
156 第一颗人造地球卫星

人文历史

160 最早的奴隶制王朝
162 最后一个封建王朝
164 版图最大的王朝
166 封建王朝的第一个皇帝
168 最善于纳谏的皇帝

170 对促进民族大融合贡献最突出的皇帝
172 最有作为的青少年皇帝
174 中国的最后一个皇帝
176 唯一的女皇帝
178 古代最杰出的思想家
180 第一位女历史学家
182 古代最伟大的航海壮举
184 骚体文学的开创者
186 科举制度之始
188 最早出使西域的人

珍稀动植物

192 最大的猫科动物
194 唯一的类人猿
196 最珍贵的猴子
198 珍贵的国宝
200 最稀少的珍禽
202 唯一的鳄种
204 最稀有的水生动物
206 最原始的鱼类
208 最大的两栖动物
210 现存最大的鹿种
212 最珍贵的树
214 最重的木
216 最毒的树

令孩子着迷的100个中国之最

山河地理

中国是世界四大文明古国之一,幅员辽阔,山河壮丽,物产丰富,五千年的人文创造和天开万物造就的自然景观为我们留下了景象骄人、数量繁多的名胜古迹。

最高的山脉

No.001

喜马拉雅山脉是世界上最年轻、最高大的山系,它位于青藏高原南缘,分布在中国、印度、巴基斯坦、尼泊尔和不丹等境内。全长约2400千米,南北宽约300米,主脉平均海拔约6100千米。

▲复杂的地质结构

喜马拉雅山脉最典型的特征是扶摇直上的高度、一侧陡峭参差不齐的山峰、令人惊叹不止的山谷和高山冰川、被侵蚀作用深深切割的地形以及深不可测的河流峡谷。

▶ 喜马拉雅山脉

▲相差甚远的气候

喜马拉雅山脉气候垂直变化明显,温度不仅随着高度的递增而递减,而且南北两侧气候迥异,山南气候暖热湿润,山北温凉干燥。

知识小笔记

喜马拉雅,源于印度梵文,意为冰雪的居所。这是因为这里终年为皑皑白雪所盖之故。

各式各样的动物

喜马拉雅山脉的动物可谓是种类繁多，海拔较低的密林中有麂、麝、黑熊、猴、小熊猫、各种毒蛇和羽毛鲜艳的鸟禽等，海拔较高的地方也有野牦牛、藏原羚、旱獭、鼠兔和狐等野生动物。

▲ 生长在喜马拉雅山脉的小熊猫

特有的冰川美景

在 5 300 米的山谷地带，分布着大量晶莹剔透、笔直矗立的冰塔林，这是喜马拉雅山冰川的特有景色。在冰塔林中还有冰塔倒映的冰湖、水晶宫般的冰洞和形状可爱的冰蘑菇等。

丰富的旅游资源

来喜马拉雅山脉旅游的人也是络绎不绝，这里有著名的樟木口岸、雅鲁藏布江、羊卓雍湖、博卡拉谷地等。

▲ 黄昏时候的雅鲁藏布江格外迷人

最高的山峰

珠穆朗玛峰位于中国和尼泊尔两国边界上。它的北坡在我国境内,南坡在尼泊尔境内。珠穆朗玛峰海拔8 844.43米,是喜马拉雅山脉的主峰,也是世界上最高的山峰。

变化多端的天气

珠峰地区及其附近高峰的气候复杂多变,往往变化莫测。峰顶的最低温度为-56℃,山上常年积雪不化,冰川、冰坡、冰塔林随处可见。山顶空气稀薄,常有七八级大风,十二级风也很常见。

▲ 珠穆朗玛峰随处可见的冰川

特殊的通行证

珠穆朗玛峰附近被列为中国国家级自然保护区,现有保护区面积3.5万平方千米,旅游者进入珠穆朗玛峰自然保护区时,都要办理一张"通行证"。

气势磅礴的地理地形

珠穆朗玛峰山体呈巨型金字塔状,威武雄壮昂首天外,地形极端险峻,环境异常复杂。雪线高度:北坡为5 800～6 200米,南坡为5 500～6 100米。

▲ 呈金字塔状的山体

令孩子着迷的100个中国之最

🟢 巨大的冰川

在珠穆朗玛峰的山脊和峭壁之间分布着 548 条大陆型冰川，总面积达 1 457.07 平方千米。冰川的补给主要靠印度洋季风带两大降水带的积雪变质形成。

◂ 圣洁的"雪山女神"——珠穆朗玛峰

🔺 国际珠穆朗玛峰日

国际珠穆朗玛峰日是尼泊尔的地方性节日，为了纪念人类首次登顶珠穆朗玛峰的日子，所以把每年的 5 月 29 日定为国际珠穆朗玛峰日。

> **知识小笔记**
> 1953 年 5 月 29 日，英国人埃德蒙·希拉里、丹增创下成功首登珠峰的记录。

Rivers and Mountain

最高的高原

No.003

青藏高原位于中国西南部,它是中国最大的高原,也是世界上最高的高原,平均海拔高度在4 000米以上,面积250万平方千米,有"世界屋脊"和"第三极"之称。

🔺 会长高的高原

距今一万年前,青藏高原抬升速度很快,以平均每年7厘米速度上升,使之成为"世界屋脊"。今天的青藏高原中部以风化为主,而边缘仍在不断上升。

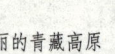

▶ 美丽的青藏高原

📝 知识小笔记

青藏高原是亚洲不少大江大河的源头,长江、黄河、澜沧江、怒江、雅鲁藏布江等都发源于这里。

🔺 干燥的气候

由于其高度,青藏高原的空气比较干燥、稀薄,太阳辐射比较强,气温比较低;由于地形的复杂和多变,青藏高原上气候本身也随地区的不同而变化很大。总的来说,高原上的降雨比较少。

青藏高原素有"世界屋脊"之称

高原上的山脉

高原上的山脉主要是东西走向和西北—东南走向的，自北而南有祁连山、昆仑山、唐古拉山、冈底斯山和喜马拉雅山，这些大山海拔都在五六千米以上。

唐古拉山是在青藏高原上耸立起来的山脉，海拔6 839米，山体宽150千米以上，主峰格拉丹冬是长江源头沱沱河的发源地。

耐高寒的动植物

由于地势高，大部分地区热量不足，牧畜以耐高寒的牦牛、藏绵羊、藏山羊为主，农作物以青稞、小麦、豌豆、马铃薯、油菜等耐寒种类为主。

生活在高原上的牦牛享有"高原之舟"的美誉，它是地球上生活在海拔最高地区的哺乳动物。

高原铁路

青藏铁路于2001年6月29日开工，完成投资330亿，于2006年7月1日全线通车。全长1 956千米，是世界海拔最高的铁路。

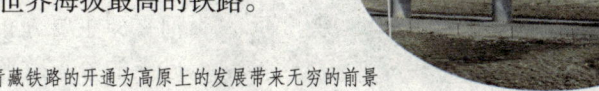

青藏铁路的开通为高原上的发展带来无穷的前景

最大的平原

东北平原位于中国东北部大兴安岭、小兴安岭和长白山之间，北起嫩江中游，南至辽东湾，海拔大多低于200米，面积达35万平方千米，是中国面积最大的平原。

▲ 地势平坦的平原

东北平原由三部分组成，北部叫松嫩平原，南部是辽河平原，东北部是三江平原。南北的两块平原又合称松辽平原，是东北平原的主体。由于它们是由松花江和嫩江冲积而成，所以地面平坦，海拔多在200米以下。

▲ 中国东北哈尔滨的松花江

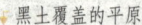

▼ 黑土覆盖的平原

▲ 土壤

松嫩平原中、东部，主要为黑土，分布于山前台地和平原阶地上，从北向南呈弧形分布；松嫩平原西部主要是黑钙土、草甸土；辽河平原主要分布有草甸土、潮土；砂土的分布以平原西部最广。

物产丰富的农作物

东北平原土层厚，土地肥沃，耕地广阔，是中国主要的粮食产区。辽河平原是著名的黑土分布区，由于土壤肥沃，腐殖质含量多，通气和蓄水性能好，所以是大豆、高粱、小麦、甜菜、亚麻的重要产区。

note 知识小笔记

东北平原在大兴安岭和长白山之间，包括黑龙江、吉林、辽宁三个省和内蒙古的一部分。

▶人民群众充分利用土层深厚、耕地辽阔的特点，在人迹罕至的茫茫荒原上，排干沼泽，开垦荒地，建商品粮基地，从而使千古荒原变成万顷良田。

丰富的地下资源

东北平原石油储藏丰富，平原周边低山丘陵富含煤、铁、铜等矿藏，现都已大规模开采，成为中国重要的石油、煤炭、铁砂生产基地。

▶东北平原是最重要的石油开采地

▶水土严重流失的土地

西部沙漠化

随着水土流失日益严重，中国东北平原西部土地沙漠化，不仅造成了生态环境恶化，可利用土地资源锐减，缩小了人们生存和发展空间，而且还制约了当地经济的发展，使农作物产量明显下降。

最大的草原

内蒙古草原是一座海拔 1 000～1 500 米的辽阔坦荡、起伏和缓的高原,地处温带半干旱大陆性季风气候区,总面积达到 118.3 万平方千米。

平坦的地势

在广阔平坦的蒙古草原上,除了大兴安岭和大青山山脉之外,大部分是平缓的原野。这里绿波千里,一望无垠,羊群如流云飞絮,点缀其间,草原风光极为绮丽,令人心旷神怡。

▲ 大草原上的绵羊

优良牧场

东部草场适于养殖乳牛、肉牛、马和细毛羊;中部草场适于养殖细毛羊和马匹;西部草场适于养殖骆驼、裘皮羊、羔皮羊和白山羊。这里牧草优良而丰茂,像禾本科的针茅、碱草、冰草、芨芨草和豆科植物等生长茂盛。

草原众多

由六大草原组成，自东向西顺次是：呼伦贝尔草原、科尔沁草原、锡林郭勒草原、乌兰察布草原以及鄂尔多斯半荒漠草原和阿拉善的荒漠草原。

▸ 科尔沁草原上正在劳作的人们

丰富的矿产

内蒙古地区蕴藏着丰富的矿产资源。这里矿产资源丰富，盛产煤、铁、稀土等，适合钢铁、电力，还有纺织等工业发展。

▸ 热情奔放的蒙古小伙正在进行摔跤表演

note 知识小笔记

内蒙古大草原被誉为世界上最美、最大、最没有污染的几大草原之一。

独特的民俗

蒙古人住在蒙古包里，男女都穿颜色鲜艳的袍子，主要食物有酥油茶、奶茶以及手扒肉等。

▸ 蒙古人的住所蒙古包

令孩子着迷的100个中国之最

最大的沙漠

位于新疆塔里木盆地，整个沙漠东西长约1 000千米，南北宽约400千米，总面积337 600平方千米，是中国境内最大的沙漠，也是世界第十大沙漠。

▲ 塔克拉玛干沙漠南部是位于昆仑山和阿尔泰山之间的一片巨大的扇形冲积区，左侧蓝色区是数股水流形成的。

流动的沙丘

塔克拉玛干沙漠流动沙丘的面积很大，是全世界最大的流动沙漠。沙丘高度一般在100～200米，最高处可达300米左右。沙丘类型复杂多样，分为复合型沙山和沙垄，近一千年来，整个沙漠向南伸延了约100千米。

note 知识小笔记

塔克拉玛干沙漠，维吾尔语意"进去出不来的地方"，当地人通常称它为"死亡之海"。

稀少的植物

塔克拉玛干沙漠植被极端稀少，在沙丘间的凹地中，可见稀疏的柽柳、硝石灌丛和芦苇。植被一般生长在地下水较为丰富的地区，如胡杨、胡颓子、骆驼刺等。

▲沙漠中生长的芦苇

▲胡杨生长在恶劣残酷的气候环境之中，它具有耐寒、耐热、耐碱、耐涝、耐干旱等特征，它们用不屈不挠的身躯阻挡了沙暴对绿洲的侵袭。

沙漠中的动物

在有水草的地方，动物较为多样。在开阔地带可见成群的羚羊，在河谷灌木丛中有野猪、狼和狐狸，在沙漠东部地区偶尔还会出现西伯利亚鹿与野骆驼。

▲骆驼有着"沙漠之舟"的美称

沙漠中的绿色走廊

沙漠四周，沿河两岸，生长发育着密集的胡杨林和柽柳灌木，构成沙漠中的"绿色走廊"，"走廊"内流水潺潺，绿洲相连。林带中住着野兔、小鸟等动物，也为这"死亡之海"增添了一点生机。

最大的盆地

中国最大的内陆盆地,在新疆维吾尔自治区南部,它位于天山山脉和昆仑山脉之间,面积约40多万平方千米。

西高东低的地势

塔里木盆地呈不规则的菱形,四周都为高山围绕,整个盆地地势西高东低。

▲ 塔里木盆地卫星图

▲ 从空中鸟瞰塔里木盆地

复杂的地貌

塔里木盆地是大型封闭性山间盆地,地貌呈环状分布,边缘是与山地连接的砾石戈壁,中心是辽阔沙漠,边缘和沙漠间是冲积扇和冲积平原,并有绿洲分布。

知识小笔记

塔里木盆地是因小行星撞击而成的。当巨陨石坠地后,地表上就形成了一个巨大的撞击坑,这就是今天的塔里木盆地。

干旱的天气

塔里木盆地居亚洲大陆中心，属于大陆性沙漠气候，冬寒夏热，气候干燥。由于深处大陆内部，又有高山阻碍湿润空气进入，所以这里雨量特别少，平均年降水不超过 100 毫米，极为干旱。

▶ 塔里木盆地气候恶劣，十分干旱。

▶ 塔里木盆地中部的塔克拉玛干沙漠

奇特的自然景观

塔里木盆地的自然景色分成 4 个环状：有地面草木不生的戈壁滩、绿洲灌溉农业发达的边缘绿洲带、盆地中部沙漠带塔克拉玛干沙漠和土地资源丰富的罗布泊湖盆区。

农作物

塔里木盆地是中国最古老的内陆产棉区，瓜果资源丰富，著名的有库尔勒香梨、库车白杏、阿图什无花果、叶城石榴和田红葡萄等。木本油料的薄壳核桃种植也很普遍，和田的地毯编织和桑蚕都发达。

▶ 塔里木盆地的棉花种植区

最大的黄土地貌

黄土高原是中国最大的高原，位于中国中部偏北，面积约40万平方千米，海拔1 000～1 500米。除少数石质山地外，高原上覆盖深厚的黄土层，黄土厚度在50～80米之间，最厚达150～180米。

文化的摇篮

黄土高原的土质松软，含有丰富的矿物质养分，利于耕作，农垦历史悠久，是中国古代文化的摇篮。

▶黄土高原上的村庄

地貌类型

山、原、川三大地貌类型是黄土高原的主体。黄土高原沟壑纵横，形态复杂，发展速度快，黄土物质疏松，易遭受侵蚀，是河流泥沙的供给地和初期搬运的通道。

综合治理

黄土高原是中国改造自然工程中的重点项目，治理方针是以水土保持为中心，改土与治水相结合，治坡与治沟相结合，工程措施与生物措施相结合，实行农林牧综合发展，这种治理措施已取得重大成绩。

▶黄土高原的治理是长期而艰巨的任务

脆弱的生态环境

黄土高原生态系统十分脆弱，抵御自然灾害的能力较低，黄土高原的环境遭到破坏后，恢复相当困难。

▶黄土高原的环境问题很严重，每当大风骤起，在西部地区便形成飞沙走石、尘土弥漫的景象。被卷起的沙和尘土依次沉降，颗粒细小的粉尘最后降落到黄土高原区域，形成了一条荒凉地带。

知识小笔记

全国探明储量的特大型煤田，约有一半分布在黄土高原。

能源基地

黄土高原拥有极为丰富的煤炭资源，其储量和产量均居全国第一。煤炭资源不仅量大质优，还有较好的开采条件。

▶黄土高原地区蕴藏着丰富的煤炭、石油等资源，是中国重要的能源、化工基地。

最大的自然保护区

阿尔金山国家级保护区位于新疆东南与青海、西藏交界部分，整个保护区面积4.5万平方千米，平均海拔4 500米。

▲ 阿尔金山国家级自然保护区南北侧的昆仑山脉

偏远的地势

阿尔金山国家级自然保护区边远偏僻，高寒缺氧，整个保护区是高山环绕的封闭性盆地，南北侧是昆仑山脉，中间为库木库勒盆地，库木库勒盆地被中部丘陵带分隔成两个不对称的湖盆。

古老的岩溶地貌

在阿尔金山自然保护区的阿尔格山中，有一片古老的岩溶地貌，面积约10 000平方千米，深藏在海拔4 400～5 000米的崇山峻岭之中，石灰岩山呈现出千奇百怪的形状。

▲ 阿尔金山自然保护区古老的岩溶地貌

令孩子着迷的100个中国之最

奇特的生态系统

阿尔金山保护区保存着近乎原始状态的高原生态系统。有三个面积超过150平方千米的美丽湖泊：阿雅克湖、阿其克湖和鲸鱼湖，有着1000多平方千米的沙漠，还有大片冰川与岩溶套叠的岩溶地貌。

▲ 鲸鱼湖的美丽景色

种类繁多的动物

保护区内野生动物种类繁多，有359种。其中有蹄类动物30种，鸟类79种，昆虫250种。国家一类保护动物就有12种，二级保护动物17种。有羚羊、藏野驴、雪豹、狼、赤狐、白雕、玉带海雕、黑颈鹤等珍稀动物。

▲ 阿尔金山自然保护区内珍贵的羚羊

知识小笔记

阿尔金山国家级自然保护区是中国设立最早、受保护面积最大的高原荒漠生态系统保护区。

▲ 高寒植物高原矮化半灌木丛

珍贵的植物

保护区有高寒植物267种，分属30科83属，无乔木，只有半灌木，呈现出高原矮化特征。由于保护区特殊的地理位置，植物从其种类及分布上也充分显示着由中亚荒漠区向青藏高原区过渡带的特征。

最大的林区

东北林区是我国最大的天然林区，主要分布在大、小兴安岭和长白山。全区以中温带针叶阔叶混交林为主，共有森林面积约4.5万平方千米。

三大林区

东北林区由于地理位置的不同，大体可以分为三块：首先是以落叶松为主的大兴安岭林区，还有被称为"红松故乡"的小兴安岭，以及以温带针阔叶混交林为主的长白山林区。

知识小笔记

东北林区占全国森林总面积的37%。

著名的"东北三宝"

东北"三宝"指百草之王人参、裘中之王貂皮以及珍贵的鹿茸，东北林区是它们的主要产地之一。

🔺 动物的乐园

在浩瀚的绿色海洋中繁衍生息着寒温带马鹿、驯鹿、驼鹿、梅花鹿、棕熊、紫貂、飞龙、野鸡、棒鸡、天鹅、獐、狍、野猪、雪兔等各种珍禽异兽 400 余种，野生植物 1 000 余种。

▸ 东北林区有很多野生珍稀动物，梅花鹿就是其中的一种。

🔺 河流众多的林区

在东北林区千山万壑间纵横流淌着甘河、多布库尔、呼玛、额木尔等 20 多条大小河流，最终注入了黑龙江，这里还盛产鲟鳇鱼、哲罗、细鳞、江雪鱼等珍贵的冷水鱼类。

▸ 具有较强耐阴性的冷杉

🔺 珍贵的树种

作为我国最大的林区，东北林区的木材蓄积量达 32 亿立方米，占全国木材总蓄积量的 1/3。这里共有高等植物 1 500 余种，主要有红松、落叶松、云杉、冷杉、赤松等。

令孩子着迷的100个中国之最

最长的河

长江是中国第一长河，全长6 403千米，它发源于青藏高原唐古拉山主峰各拉丹东雪山，是世界第三长河，仅次于亚马孙河与尼罗河，水量也是世界第三。

众多的支流

长江发源于中国西部，完全或部分流经包括西藏自治区在内的10多个省区，3/4以上的流程穿越山区，有汉江、岷江、嘉陵江、沱江、乌江、湘江、黄浦江等重要支流。

令孩子着迷的100个中国之最

巨大的粮仓

长江流域是中国巨大的粮仓,产粮几乎占全国的一半,其中水稻达总量的70%。此外,还种植其他许多作物,有棉花、小麦、大麦、豆等。

◀ 长江中下游平原是双单季稻亚区,水稻也是长江流域的主要农作物之一。

发达的渔业

长江及其支流和包括洞庭湖、鄱阳湖及太湖这些大湖在内的湖泊鱼类丰富。渔业得到广泛发展,盛产鲤、鲈、马蛤、比目鱼以及珍贵的扬子鳄和中华鲟。

知识小笔记

晴江秋望
【唐】崔季卿
八月长江万里晴,
千帆一道带风轻。
尽日不分天水色,
洞庭南是岳阳城。

▲ 珍稀的动物扬子鳄

三峡工程

长江三峡水利枢纽工程是当今世界上最大的水利枢纽工程。整个工程将三峡水库建成一座长约600千米,最宽处达2千米,面积达1084平方千米的峡谷型水库。

◀ 壮观的长江三峡水利工程,给人类带来更多的便利。

泥沙最多的河

黄河横贯中国东西,是中国乃至世界含沙量最多的河流,全程流程达 5 464 千米,流域面积达到 752 442 平方千米,最大年输沙量达 39.1 亿吨。

泥沙的来源

黄河中游流经土质疏松、植被稀少的黄土高原地区,这一地区降水较少但集中,每遇大雨、暴雨,泥沙与河水一起冲入黄河,使黄河成为世界上含沙量最大的河流。

▲ 黄河

众多的支流

黄河是我国第二长河,支流贯穿青海、四川、甘肃、宁夏、内蒙古、陕西、山西、河南、山东九个省、自治区,年径流量574亿立方米,沿途汇集有35条主要支流。

▲ 黄河发源于青藏高原巴颜喀拉山北麓的约古宗列盆地,仅次于长江,是中国第二大河。

修筑梯田是保持水土流失的有效方法之一

🏔 治理的措施

治理黄河根本在于中游黄土高原的水土保持，可以通过造林种草，使土不下破，清水长流。打坝淤地，修筑梯田，以减少泥沙入河。

📝 知识小笔记

从高空俯瞰黄河，它恰似一个巨大的"几"字，黄土地、皇帝、黄皮肤以及传说中的中国龙，这一切黄色表征，把这条流经中华心脏地区的浊流升华为圣河。

🏔 丰富的渔业

黄河总共有鱼类 121 种，下游的鱼类种类和数量较多，主要有鲤鱼、鲫鱼、鲶鱼、雅罗鱼及鲶鱼等。

鲶鱼

全球变暖等多种原因导致黄河断流

🏔 黄河断流

从 1972 年起，黄河经常出现断流的情况，断流的原因包括全球变暖、植被破坏、灌溉方式落后等。

最长的地下河

吐鲁番的坎儿井数量众多，全长约5 000千米，灌溉面积广阔，对发展当地农业生产和满足居民生活需要等都有很重要的意义。

坎儿井的开发

坎儿井是人工开凿的地下河，适用于山麓、冲积扇缘地带，主要用于截取地下潜水来进行农田灌溉和居民用水。

> **知识小笔记**
> 新疆的坎儿井是中国古代四大工程之一。

合理的结构

坎儿井是一种结构巧妙的特殊灌溉系统。它由竖井、暗渠、明渠和涝坝四部分组成。暗渠的出水口和地面的明渠连接，可以把几十米深处的地下水引到地面上来。

◀ 吐鲁番坎儿井

坎儿井的优势

吐鲁番干旱酷热,水分蒸发量大,没风季时尘沙漫天,成为主要自然灾害,而坎儿井是由地下暗渠输水,影响非常小,水分蒸发量小,流量稳定,可以常年自流灌溉。所以,坎儿井非常适合当地的自然条件。

↑ 吐鲁番极为干旱,地面水源又非常缺乏,迫使着人们必须重视地下水源的开发利用。

坎儿井的历史

坎儿井早在2 000年前的汉代就已经出现雏形,后经各族人民的辛勤劳作,逐渐趋于完善,发展为适合新疆条件的坎儿井。坎儿井的清泉浇灌滋润吐鲁番的大地,使火洲戈壁变成绿洲良田,生产出驰名中外的葡萄、瓜果和粮食、棉花、油料等。

↑ 吐鲁番气候干旱且地面水源非常缺乏,但却蕴藏着丰富的地下水源和充沛的天然泉水,自古以来人们就利用天然的泉水进行农业生产。

不容乐观的现状

近年来,吐鲁番的坎儿井呈衰减之势。由于该地区生态系统的严重破坏,水资源日渐短缺,吐鲁番地区坎儿井最多时达1 273条,目前仅存725条。

↑ 吐鲁番地区绿洲外围生态系统的严重破坏,水资源日渐短缺,地下水位不断下降,使坎儿井的水流量也逐年减少。

最大的咸水湖

青海湖在青海省东北部,不仅是中国最大的内陆湖泊,也是国内最大的咸水湖,湖泊的集水面积达到3万平方千米,湖面海拔3 196米。

高原大陆性气候

青海湖具有高原大陆性气候,光照充足,日照强烈;冬寒夏凉,暖季短暂,冷季漫长,春季多大风和沙暴;雨量偏少,雨热同季,干湿季分明。

▲ 从卫星上看到的青海湖

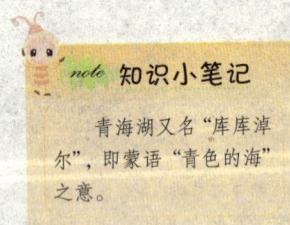

知识小笔记

青海湖又名"库库淖尔",即蒙语"青色的海"之意。

五大岛屿的组成

青海湖中有5个岛屿,由鸟岛、海心山、海西山、沙岛和三块石组成,其中鸟岛是亚洲特有的鸟禽繁殖所,是我国八大鸟类保护区之首。

🌱 丰富的渔业

青海湖是我国西北地区最大的天然鱼库，青海湖里不仅有丰富的矿产资源，鱼类资源也十分丰富。湖中盛产青海裸鲤、湟鱼和冰鱼等。

▸ 青海湖的鸟岛地势平坦、气候温和、三面绕水、环境幽静、水草茂盛、鱼类繁多，是鸟类繁衍生息的天然场所。

🌱 辽阔的天然牧场

青海湖岸边有辽阔的天然牧场，有肥沃的大片良田，有丰富的矿产资源。这里冬季多雪，夏秋多雨，水源充足，雨量充沛，对发展畜牧业和农业有着良好的条件。

▸ 青海湖的良田辽阔而肥沃

🌱 成绩显著的环境保护

近年来我国加大了对青海湖流域的生态环境保护的力度，使降水量增加，青海湖流域的生态环境得到了有效改善，青海湖水体面积自 2004 年以来连续四年持续增长。

▸ 春天的青海湖畔山清水秀，美丽的野花竞相开放。

最大的淡水湖

鄱阳湖地处江西省北部，长江中下游南岸，湖岸线长1 200千米，湖体面积3 583平方千米，是一个季节性、吞吐型的湖泊，也是我国最大的淡水湖泊。

大水量

鄱阳湖承纳赣江、抚河、信江、饶河、修河五大河，经调蓄后，由湖口注入长江，每年流入长江的水量超过黄河、淮河、海河三河水量的总和，是一个季节性、吞吐型的湖泊。

知识小笔记

1984年在鄱阳湖发现了世界最大的白鹤群（840只），震动了世界鸟类学界。

▲ 鄱阳湖是著名的"鱼米之乡"

发达的农业

鄱阳湖水草丰美，有利于水生生物繁殖。产鱼类100余种，以鲤鱼为主，其次为青、草、鲢、鳙。贝、螺产量也较丰富，这里也是江西省主要农业区，盛产水稻、黄麻、大豆、小麦。

动物的王国

由于这里水草茂盛,鱼类丰富,从而成为候鸟的最重要的越冬栖息地。保护区内鸟类已达300多种,近百万只,其中珍禽50多种,已是世界上最大的鸟类保护区。

◀ 鄱阳湖环境和气候条件均适合候鸟越冬,在每年秋末冬初,飞来成千上万只候鸟,直到第二年春天才逐渐离去。

湿地生态区

鄱阳湖是重要湿地,是长江干流重要的调蓄性湖泊,在中国长江流域中发挥着巨大的调蓄洪水和保护生物多样性等特殊生态功能。

▲ 鄱阳湖湿地

"枯水一线,洪水一片"的美景

随水量变化,鄱阳湖水位升降幅度较大,具有天然调蓄洪的功能。由于水位变幅大,所以湖泊面积变化也大。汛期水位上升,湖面陡增,水面辽阔;枯期水位下降,洲滩裸露,水流归槽,湖面仅剩几条蜿蜒曲折的水道。

▲ 夕阳下的鄱阳湖像一个淡妆素抹的少女,含情脉脉地笑迎每一位光临的游客神游鄱阳湖。

最深的湖

长白山天池又称白头山天池,它位于中、朝两国的边界,湖的北部在我国吉林省境内,南部位于朝鲜境内,面积为9.82平方千米。

群山中的碧玉

长白山天池呈椭圆形,是松花、图们、鸭绿三江之源,是中朝两国的界湖。它像一块瑰丽的碧玉镶嵌在雄伟壮丽的长白山群峰之中。

note 知识小笔记

长白山机场是全国第一个森林旅游机场,深处吉林省白山市抚松县松江河镇,已于2008年8月开通。

火山口湖

长白山原是一座火山,当火山爆发喷射出大量熔岩之后,火山口处形成盆状,时间一长,积水成湖,便成了现在的天池,它也是我国最高的火口湖。

🌿 天然水库

长白山天池蓄水 20 亿立方米，是一个巨大的天然水库，天池的水一是来自大自然降水，也就是靠雨水和雪水，二是地下泉水。

↑ 长白山天池由于高度较高，气候多变，风狂、雨暴、雪多是它的气候特点。

🌿 天池中的鱼

长白山天池中出现一种虹鳟鱼，此鱼生长缓慢，肉质鲜美。还有人亲眼目睹天池里有怪兽出现，但具体是何种生物，目前尚不明朗。

↑ 天池中出现的虹鳟鱼

→ 冬天的时候，长白山天池的温泉带热气腾腾。

🌿 温凉泊

天池冬季冰层一般厚 1.2 米，不过，天池内还有几条温泉带，水温常保持在 42℃，隆冬时节热气腾腾，冰消雪融，故有人又将天池叫温凉泊。

最大的峡谷

雅鲁藏布大峡谷位于西藏雅鲁藏布江下游，是中国乃至全世界最深的峡谷。雅鲁藏布大峡谷长504.9千米，平均深度5千米，最深处达6.9千米。

🔺地球上最后的秘境

整个雅鲁藏布大峡谷地区冰川、绝壁、陡坡、泥石流和巨浪滔天的大河交错在一起，环境十分恶劣。许多地区至今仍无人涉足，是地质工作少有的空白区之一。

▶雅鲁藏布江河谷

> **note 知识小笔记**
> 峡谷指深度大于宽度、谷坡陡峻的谷地。

🔺形成原因

雅鲁藏布大峡谷形成的直接原因是该地区的地壳在近300万年以来的快速抬升，并与深部地质作用过程和软流圈地幔上涌体有关。

▶雅鲁藏布大峡谷大拐弯处

🔺大拐弯和水汽通道

大峡谷有两个基本特点：奇特的大拐弯和青藏高原最大的水汽通道，这两大特点本身构成了世界上珍奇的自然奇观和最有特点的生态旅游资源。

> 1994年，中国科学家确认雅鲁藏布江干流上的这个大峡谷为世界第一大峡谷。新华通讯社向全世界及时报道了这一消息，全球为之轰动。

◀ 低河谷热带季雨林

🔺植被类型天然博物馆

这里是世界上山地垂直自然带最齐全丰富的地方，也是全球气候变化的缩影之地。大峡谷具有从高山冰雪带到低河谷热带季雨林等9个垂直自然带，几乎都被森林占据着。

▶ 水獭

🔺生物基因宝库

大峡谷地区茂密的森林及高山灌丛草甸栖息着种类繁多的动物，其中不少是国家重点保护的珍稀动物，如水獭、小熊猫、穿山甲、眼镜王蛇、猕猴、大绯胸鹦鹉、红嘴相思鸟、黑颈鹤等。

最大的瀑布

黄果树瀑布位于 37 千米的镇宁、关岭布依族、苗族自治县的交界处,黄果树大瀑布高 77.8 米、宽 101 米,是我国最大的瀑布,也是世界著名大瀑布之一。

名称的来源

黄果树瀑布以当地的一种常见的植物而得名,黄果树瀑布为"瀑布群"中最为壮观的瀑布,并享有"中华第一瀑"之盛誉。

▲ 著名的黄果树大瀑布是贵州第一胜景

庞大的瀑布家族

黄果树瀑布周围分布着雄、奇、险、秀风格各异的大小 18 个瀑布,形成了一个庞大的瀑布"家族",被吉尼斯总部评为世界上最大的瀑布群,列入世界吉尼斯记录。

▲ 黄果树景区内风景秀丽、环境优美、空气清新。

六方位看瀑布

黄果树瀑布是世界上唯一可从上、下、前、后、左、右六个方位观看的瀑布，也是世界上唯一有水帘洞，且能从洞内向外听、观、摸的瀑布。

> **知识小笔记**
>
> 黄果树结一种叫黄果的果实，吸收了黄果树瀑布的天然灵性和水分，略带酸甜味，水分充足。

四季适宜的天气

黄果树瀑布景区属中亚热带，是典型的熔岩地区，雨量充沛，海拔较低，终年无霜，冬无严寒，夏无酷暑，是避寒避暑胜地，四季适宜旅游。

▲ 黄果树瀑布有着悠久的历史文化，是休闲、度假、观光、疗养、吸氧"洗肺"，追求谧静的理想胜地。

最大的海

南海,也叫南中国海,汉代、南北朝时称为涨海、沸海,是亚洲三大边缘海之一。它的面积为 350 多万平方千米,平均水深约为 1 212 米,是中国最大的海。

重要的地理位置

南海位于我国大陆的南方,位居太平洋和印度洋之间的航运要冲,在经济上、国防上都具有重要的意义。

▶黄昏时候迷人的南海

知识小笔记

注入南海的河流主要分布于北部,由于这些河的含沙量很小,所以海阔水深的南海总是呈现碧绿或深蓝色。

没有冬天的南海

南海地处低纬度地域,是我国海区中气候最暖和的热带深海。南海海水表层水温高,年温差小,终年高温高湿,长夏无冬。

南海诸岛

南海地处热带，海中分布着许许多多的珊瑚礁和珊瑚岛，它们像一颗颗璀璨的明珠镶嵌在湛蓝的海面上。这些岛礁总称南海诸岛，分为东沙群岛、西沙群岛、中沙群岛、曾母暗沙、南沙群岛和黄岩岛。

▲ 西沙群岛是我国著名渔场之一。这里海域宽阔，岛礁星罗棋布，海产十分丰富，每年都会吸引大批渔民来岛捕捞。

▲ 南海蕴藏有丰富的石油

丰富的海底资源

南海的海底资源也很多，石油与天然气蕴藏丰富，据初步估算海底石油蕴藏量达200亿吨。

发达的渔业

南海海区主要属热带、赤道带气候，温度高，年变化小，生物种类丰富，水产主要为海龟、海参、金枪鱼、大龙虾、墨鱼和鱿鱼等各种热带海产，还有著名的燕窝和珊瑚。

▲ 南海海区有丰富的水产资源，漂亮的珊瑚和鱼类是水产资源重要的组成部分。

最浅的海

渤海地处北温带,夏无酷暑,冬无严寒,海域面积77 284平方千米,大陆海岸线长2 668千米,平均水深18米,最大水深85米,20米以内浅水海域面积占一半以上,是中国最浅的海。

▲ 美丽的渤海海湾

多泥沙的海底

渤海海底平坦,多为泥沙和软泥质,地势呈由三湾向渤海海峡倾斜态势。海岸分为粉沙淤泥质岸、沙质岸和基岩岸三种类型。

三大海湾

渤海周围有三个主要海湾:北面的辽东湾、西面的渤海湾、南面的莱州湾。由于辽河、滦河、海河、黄河等带来大量泥沙,海底平坦,饵料丰富,是中国大型海洋水产养殖基地,盛产对虾、黄鱼等。

▲ 渤海区是丰富的水产基地

▲ 丰富的渤海湿地生物

三大湿地

渤海沿岸江河纵横，在湾顶处形成宽广的辽河口三角洲湿地、黄河口三角洲湿地、海河口三角洲湿地，湿地生物种类繁多，植物有芦苇、水葱、碱蓬和藻类等，鸟类有150多种。

丰富的海上石油

渤海石油和天然气资源十分丰富，整个渤海地区就是一个巨大的含油构造，滨海的胜利、大港、辽河油田和海上油田连成一片，渤海已成为我国第二个大庆。

知识小笔记

渤海港口是我国北方对外贸易的重要海上通道。

▶ 环渤海地区经济具有快速发展的显著特征。海洋资源的开发和海洋工业成为该地区经济发展重要的领域之一。

液体盐场

渤海是我国最大的盐业生产基地，底质和气候条件非常适宜盐业生产。著名的莱州湾沿岸含盐量达到8亿多吨，是罕见的储量大、埋藏浅、浓度高的"液体盐场"。

最大的岛群

舟山群岛是中国沿海最大的群岛，位于长江口以南、杭州湾以东的浙江省北部海域，古称海中洲。

岛礁众多的群岛

舟山群岛共有大、小岛屿1 390个，分布海域面积22 000平方千米，陆域面积1 371平方千米，整个岛群以北东走向依次排列。南部大岛较多，海拔较高，排列密集，北部多为小岛，地势较低，分布较散。

多类型的地貌

舟山群岛的地层大多由中生代火山岩构成，还有片麻岩、大理岩等古老的变质岩和新生代的玄武岩，近些年来又沉积了海相砂砾层和淤泥。

▶ 舟山群岛属于华夏大陆的一部分，大多由中生代火山岩构成，还有片麻岩、大理岩等古老的变质岩和新生代的玄武岩。

水运中转的卫星港

舟山群岛是我国沿海航线中途的必经之地。现在的舟山群岛港口发展迅速，已成为上海、宁波水运中转的卫星港。

知识小笔记

舟山渔场是我国最大的渔场。

特殊的"搬运工"

潮流如同一个大搬运工，把大量泥沙搬运到群岛的隐蔽地带沉积，把几个岛屿连接起来，形成岛上的堆积平原。舟山岛、朱家尖、岱山岛都是由于海积平原的扩展形成的大岛。

▲朱家尖的一个海滩

群岛的最高峰

群岛的最高峰在桃花岛的对峙山，海拔544.4米。整个群岛属于低山丘陵地貌类型。

▶桃花岛是舟山群岛的主要景区，舟山群岛的最高峰就是桃花岛的对峙山。

最大的岛屿

台湾岛是中国第一大岛,面积3.58万平方千米,位于东海大陆架的南部边缘,西濒台湾海峡,南隔巴士海峡与菲律宾相望,是一个形状狭长如同纺锤的岛屿。

台湾岛的形成

两亿多年前,地壳运动就奠定了台湾岛的地质基底。4 000万年前,地壳受挤压褶皱上升,形成最初的台湾山系;约250万年前,地壳继续褶皱上升,构成台湾岛的现代地形。第四纪冰期海面下降与大陆相连,间冰期水面回升,复成海岛。

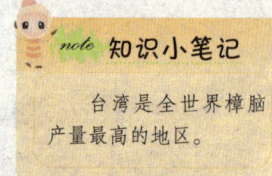

知识小笔记

台湾是全世界樟脑产量最高的地区。

↓ 台北淡水渔船码头黄昏时候的美丽景色

多山的台湾岛

台湾岛的山地和丘陵占全岛面积2/3，分布于东部和中部，自东向西有台东、中央、玉山、雪山和阿里山5条平行山脉，以中央山脉为主分水岭。

▶台湾黄昏时候的101大厦

湿润的气候

台湾岛属南亚热带和北热带湿润气候，高温、多雨、多风，北部冬季多于夏季，南部则相反，山地气温随高度而递减，3 000米以上山地冬季有积雪。

▲台湾高山上的寺庙

丰富的经济作物

台湾岛气候温和湿润，岛上有丰厚的森林资源，肥沃的土地盛产稻米、甘蔗、茶叶和热带水果。

▶甘蔗

台湾的历史

台湾自古以来就是中国的领土，民族英雄郑成功于1661年从荷兰侵略者手中夺回了台湾岛，1885年台湾岛被改为台湾省，日本人于1895年侵占台湾岛，直到1945年战败投降后，台湾才重新回到祖国母亲的怀抱。

最大的冲积岛

崇明岛是中国和世界最大的冲积岛,也是最大的沙岛,它地处于长江入海口和中国东部海岸的中心位置,其面积有1267平方千米。

🏔 形状多变的崇明岛

崇明岛属于长江冲积平原,由长江江水中所携带的大量泥沙淤积而形成,崇明岛的形状不是固定不变的,它一直都处于不断的变化之中。

▲ 崇明岛河滩的美丽景色

🏔 鱼米之乡

全岛地势平坦,景观如同江南田地,村落密布,道路交错,土地肥沃,林木茂盛,物产富饶,是有名的鱼米之乡。

🏔 有名的"蟹岛"

崇明岛的泥滩上,到处是小蟹,几乎黑压压地布满滩面。游人行走滩面,小蟹们受到惊吓,纷纷以最快的速度逃入滩上的洞穴,速度之快,令人惊叹。

↑ 崇明岛的小村落和渔船

🏔 环岛绿色长城

在崇明岛的北岸,海滩上长满了茂密的芦苇林,由于芦苇适宜于滩地生长,且长势甚猛,人行其中,似乎觉得无边无际。这些芦苇林不仅可护岸促淤,而且可作造纸之原料。

↑ 崇明岛的芦苇林

🏔 鸟的天堂

由于崇明岛温度适中,水质和土壤相对来说比较纯净,再加上近几年对环境的保护,大批的候鸟也选择在这里安家。

note 知识小笔记

崇明岛东滩每年以100余米的速度向东海推进。

→ 很多候鸟在崇明岛安家

最热的地方

吐鲁番,维吾尔语意为最"富庶丰饶的地方"。它位于新疆维吾尔自治区的中东部,古时有高昌、西州、火州之称,是中国最热的地方。

火焰山自西而东横贯盆地中部,山前是戈壁,中部是低洼平原,南部山丘、戈壁、荒漠三种类型兼有。

较低的地势

吐鲁番地势北高南低中间凹,低于海平面以下154米,由于地势低,吸收热量后不易散发,就像一个热气储存库,所以特别热。

吐鲁番素有"火州""风库"之称

干旱的天气

吐鲁番属于典型的大陆性干旱荒漠气候,年平均气温之高居新疆之首。气候干燥少雨,太阳辐射强,夏季高温多风,其炎热干旱的程度,称得上全国之最。

传说中的火焰山

火焰山位于吐鲁番市东北 10 千米处，每当盛夏，山体在烈日照射下，炽热气流滚滚上升，赭红色的山体看似烈火在燃烧，再加上《西游记》里有孙悟空三借芭蕉扇扑灭火焰山烈火的故事，使得火焰山闻名天下。

葡萄沟

以生产优质的葡萄闻名中外的葡萄沟，沟长约 8 千米，沟内铺绿叠翠，茂密的葡萄田漫山遍谷，葡萄种植面积达 220 余公顷。沟中产无核白葡萄、马奶子、玫瑰红等品种。

▲ 风景秀丽的葡萄沟，以盛产优质葡萄而闻名中外。

知识小笔记

人们曾于 1975 年 7 月 13 日在吐鲁番测得 49.6℃的高温，这是现今我国最高气温记录。

最冷的地方

漠河镇位于黑龙江北部的大兴安岭，由于漠河镇地界偏远，是我国纬度最高的县份，所以它不仅是我国最北的村庄，也是我国最冷的地方，被人们称为"北极村"。

漫长的冬天

漠河气候属寒温带季风气候，冬天漫长而寒冷。在一年中，漠河有八个月都处在冬季。这里的冬天白昼很短，当地人称之为"黑昼"。当大雪铺地之时，这里就变成了一片银白的世界。

知识小笔记

漠河机场是我国位置最北、纬度最高的民用机场，于2008年6月10日正式通航。

"白夜"的夏天

每年夏季，漠河白天便越来越长，晚上相应地越来越短，当"夜色"降临的时候，天空仍像平日白天那样明亮，一直持续到午夜，黑夜短暂，转瞬即逝，太阳就又旭日高照了，这是由于漠河离北极近而发生的极昼现象。

神奇的北极光

漠河上空的北面，经常出现绚丽多彩的"北极光"奇景。北极光在北面天空开始出现时，是一个由小至大、颜色变幻不定的光环，至最灿烂妍丽时，光环慢慢移向东边，由大变小，逐渐消失。

神奇的北极光绚烂多彩，是"北极村"一道美丽的风景线。

漠河的野生动物鹿群

丰富的资源

漠河资源丰富，尤以森林、矿产、珍稀动植物资源闻名于世。主要树种有樟子松、落叶松等；矿产资源有黄金、煤炭等；野生动物资源种类繁多，有马鹿、驯鹿、梅花鹿等。

得天独厚的旅游资源

漠河是我国唯一可观赏到北极光和极昼现象的地方，村内有"中国最北一家""北陲哨兵"碑、"神州北极"碑等旅游景点。每年夏至，县政府都要在此举办盛大活动，此活动吸引了大批国内外游客。

最大的城市

上海简称沪,位于我国大陆海岸线中部的长江口,全市面积6 340.5平方千米,上海全市辖18个区、1个县。是中国第一大城市,中国四个直辖市之一。

地理特征

上海属北亚热带季风性气候,除西南部有少数丘陵山脉外,其余为坦荡的平原,是长江三角洲冲积平原的一部分,四季分明,日照充分,雨量充沛。上海气候温和湿润,春秋较短,冬夏较长。

河湖众多的上海

上海地区水网密布,境内水域面积697平方千米,相当于全市总面积的11%。上海河网大多属黄浦江水系,主要有黄浦江及其支流苏州河、川扬河、淀浦河等,黄浦江也是上海的水上交通要道。

> **知识小笔记**
> 上海是仅次于新加坡的世界第二大集装箱港口。

发达的经济

上海是中国大陆经济最发达的城市之一。第三产业在上海的经济占了一定比重,其中最主要的产业包括了金融业、房地产业、保险业以及运输业等。

▲ 上海的房地产业非常发达

▲ 便利的上海水路交通

便利的交通

上海市的公交交通,其线路、车辆、载客量均居全国第一。目前上海已形成由铁路、水路、公路、航空等多运输方式组成的,具有相当规模的综合交通运输网络。

发达的旅游

上海的旅游业也相当发达,中华商业第一街南京路、繁华高雅的淮海路、历史悠久的老城隍庙以及风景优美的外滩等,都吸引了大批中外游客。

▲ 上海老城隍庙

最大的山城

重庆市地处中国内陆之西南，位于长江上游，是一个多中心组团式的城市。城市四面环山，依山而建，故名"山城"。

悠久的历史

重庆是中国著名的历史文化名城，具有3 000多年的悠久历史，以重庆为中心的古巴渝地区是巴渝文化的发祥地，距今2万～3万年的旧石器时代末期，已有人类生活在重庆地区。

▸山城重庆

众多的河流

流经重庆主要河流有长江、嘉陵江、乌江、涪江、綦江、大宁河等。长江干流自西向东横贯全境，流程长达665千米，长江、嘉陵江还穿过重庆市的主城区。

▸奔流不息的长江

note 知识小笔记

重庆是中国西部地区唯一汇集水、陆、空交通资源的特大型城市。

令孩子着迷的 100 个中国之最

🌲 空中公共汽车

重庆主城区有两条全国独一无二的具有重庆特色的过江索道：嘉陵江索道和长江索道。坐在从城市楼群中穿梭连接两江三岸的索道上，乘客就像踏云而行，在惊喜刺激中缓缓欣赏重庆山环水拥的自然美景。

🌲 旅游资源

重庆的旅游资源十分丰富，最著名的就要算是长江三峡了，它西起重庆奉节的白帝城，东到湖北宜昌的南津关，是长江上最为奇秀壮丽的山水画廊。

▶长江三峡的一山一水，一景一物，无不如诗如画，伴随着许多美丽的神话和动人的传说，令人心驰神往。

人口最多的民族

汉族,在东南亚被称为华族,又称华人或唐人,是中国的主要民族,也是世界上人口最多的民族。目前,汉族人口约为12亿,占世界总人口的19%。

▲ 汉族是我国人口最多的民族

最早的汉族

从公元前约3 000年起,当今汉族的主体华夏族在黄河流域起源并开始逐渐发展,先后经历了夏、商、周、秦、汉,这时以华夏族为核心和主体形成了汉族,随后逐渐由黄河流域向长江、珠江及中国东南部大规模迁徙。

汉族的分布

汉族分布于世界各地,汉族人口99%以上都分布在中国地区,除两岸四地外,汉族在东南亚和北美洲也有较多分布。

▲ 人口众多

令孩子着迷的100个中国之最

语言

汉族的语言为汉语，汉语属汉藏语系，有多种方言。汉字的书写有繁体字和简化字两种形式。

▲ 汉语是世界主要语言之一，也是世界上使用人数最多的语言，它的应用很广泛。

知识小笔记

汉族在全国分布的特点是东密西疏。

博大精深的饮食文化

汉族人通常以稻、麦为主食，搭配蔬菜、肉食和豆制品等多种菜点，通过蒸、炒、煎、炸、煮等不同烹饪方法制作主食和菜点，菜式基本分为川、鲁、淮、粤四大菜系，形成了不同的地方风味。

▼ 汉服，即中国汉族的传统民族服饰，又称为汉装、华服。汉服的主要特点是交领、右衽、束腰，用绳带系结，也兼用带钩等，给人洒脱飘逸的印象。

▲ 汉族讲究并善于烹饪，不同地区的汉族以炒、烧、煎、煮、蒸、烤和凉拌等烹饪方式，形成了不同的地方风味。

人口最多的少数民族

壮族是一个具有悠久历史和灿烂文化的民族,它是我国少数民族中人口最多的一个,其主要分布在我国的广西、云南、广东、湖南、贵州、四川等省区,以广西最多。

悠久的历史

壮族是一个具有悠久历史和灿烂文化的民族,在秦朝势力进入岭南以前,中国东南沿海就居住着"百越"族群,壮族就是由"百越"的一支发展形成的。

▶ 壮族妇女

美丽的景色

壮族地区处处是奇峰秀水,以"山水甲天下"闻名的桂林是全国四大旅游热点之一。境内山峦起伏,石灰岩分布很广。由于长期的雨水侵蚀,形成了壮丽的石林、岩洞、伏流等奇特的岩溶地貌。

▶ 闻名天下的桂林山水

有特色的服饰

壮族多用自织的土布做衣料，款式多种多样。女子的服装一般为一身蓝黑，裤角稍宽，头上包提花毛巾，腰间系精致的围裙；小伙子多穿对襟上衣，腰间系一条腰带。

note 知识小笔记

壮族也有自己的语言，属汉藏语系壮侗语族。

▲ 壮族妇女的服饰端庄得体，朴素大方。她们一般的服饰是一身蓝黑，裤脚稍宽，头上包着彩色印花或提花毛巾，腰间系着精致的围裙。

▲ 壮族农业以种植水稻等农作物为主

丰富的资源

壮族地区气候温和，雨水充足，以农业为主，种植水稻、玉米、薯类等。果品也很丰富。森林面积广，盛产柳州杉、银杉、樟木等名贵木材。沿海盛产各种名贵海产，尤以南珠闻名。

不一样的房子

壮族喜欢依山傍水而居。在青山绿水之间，点缀着一栋栋干栏式木楼，这就是壮族人的传统民居。这种木楼上面住人，下面圈牲畜。

▲ 壮族村落

人口最多的省份

河南，因大部分地区位于黄河以南而得名。河南位于我国中部偏东、黄河中下游，省会是郑州，河南省的人口总数占全国第一。

历史的发源地

河南是中华文明和中华民族最重要的发源地，有"中州""中原"之称，也是华夏民族早期主要居住的地方，从中国历史上第一个王朝夏朝在河南建都起，就有20多个朝代在河南定都。

> **知识小笔记**
> 位于河南洛阳的白马寺，建于东汉，是佛教传入中国后所建的第一座官办寺院，是中外文化交流的有力见证。

"居天下之中"的河南

河南位于长三角、京津冀、珠三角和成渝城市带之间，且是进出西北的门户。独特的地理位置，使河南成为全国举足轻重的铁路、公路、航空、通讯和能源枢纽。

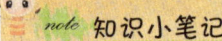
河南省独特的位置，使其成为交通及能源的发达地。

丰富的矿产资源

河南矿产资源丰富，已发现的矿种达102种，有铝、钨、金、锑、煤、石油、珍珠岩、膨润土、硅石等。此外，还有储量丰富的稀有金属。

▶珍珠岩

农业大省

河南地处亚热带向暖温带过渡地带，适宜多种农作物生长，是全国最大的粮食生产基地，也是全国棉花、油料、烟叶等农产品的重要生产基地。

棉花是河南最主要的农作物之一，产量多、生产成本低，使棉制品价格比较低廉。

少林寺

少林寺位于登封，是禅宗和少林武术的发源地。有"少林武术冠天下"的美名。少林寺的少林拳、少林棍、易筋经、铁布衫等700多种武术绝技都闻名于天下。

▶闻名天下的少林功夫

令孩子着迷的100个中国之最

人口最少的省区

No.031

澳门全称为澳门特别行政区，是中华人民共和国辖下的一个特别行政区，总面积共29.2平方千米，人口约50余万人，不仅是我国面积最小、人口最少的地区，还是全球人口密度最高的地区之一。

▲澳门的组成

澳门位于中国东南沿海的珠江三角洲西侧，由澳门半岛、氹仔、路环以及路氹城四个部分组成。

note 知识小笔记

澳门特别行政区区旗为五星莲花绿旗。上面绘有五星、莲花、大桥、海水的图案。

◆ 澳门圣保罗大教堂遗址

优美的城市风景

东西文化的融和共存使澳门成为一个独特的城市,那里既有古色古香的传统庙宇,又有庄严肃穆的天主圣堂,还有众多的历史文化遗产以及沿岸优美的海滨胜景。

独特的澳门菜

澳门烹饪吸收了广东地区的烹饪法和食材,以及香港、葡萄牙、印度、非洲、东南亚的特色,创制出独一无二的澳门菜,例如烧腊、多士、非洲鸡、马介休、葡国鸡、沙嗲等。

▶澳门美食

最富裕的城市

澳门是世界四大赌城之一。其著名的纺织品、玩具、旅游业、酒店和娱乐场使得澳门长盛不衰。因此,澳门也是全球最富裕的城市之一。

▶夜幕下的澳门赌场

面积最大的省区

新疆维吾尔自治区面积 160 多万平方千米，约占中国总面积的 1/6，其中山地与平原面积各约占 80 万平方千米，是我国面积最大的省级行政区。

气候

新疆远离海洋，深居内陆，四周有高山阻隔，海洋湿气不易进入，降水量少，空气干燥，日照时间长，气温变化大，形成明显的温带大陆性气候。

干燥酷热的新疆沙漠地区

农作物

新疆拥有近 3 310 万平方千米的耕地，种植农作物品种繁多，有小麦、玉米、水稻、棉花、甜菜等，常见的瓜果有葡萄、哈密瓜、西瓜、苹果、香梨等。

葡萄是喜光植物，光照时数长短对葡萄生长发育、产量和品质有很大影响。葡萄是新疆栽种的主要水果。

知识小笔记

由于新疆昼夜温差大，所以有"早穿皮袄午穿纱，围着火炉吃西瓜"之说。

发达的畜牧业

新疆是我国四大牧区之一，面积居全国第二，为人们提供了大量的毛、绒、肠衣、奶油、酥油、奶粉等畜产品。

新疆的牧区为人们提供很多生活原料

"固体水库"

新疆境内形成了独具特色的大冰川，共计1.86万余条，总面积2.4万多平方千米，是新疆的天然"固体水库"。新疆的水资源极为丰富，人均占有量居全国前列。

新疆天池是中外游客的避暑胜地

山川壮丽的新疆

新疆幅员辽阔，地大物博，古迹遍地。旅游资源极为丰富，著名的喀纳斯湖、楼兰古城和天池等，吸引了众多游客前来游玩。

蕴藏丰富的金属资源

新疆矿产种类全、储量大，开发前景广阔。目前发现的矿产有138种，石油、天然气、煤、金、铬、铜、稀有金属、盐类矿产、建材非金属等蕴藏丰富。

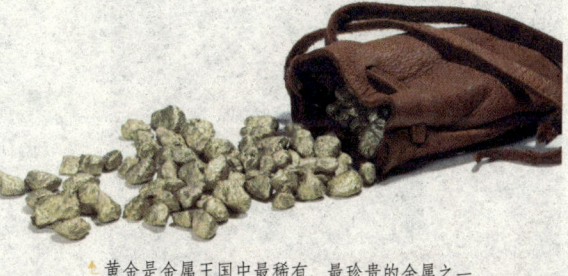

黄金是金属王国中最稀有、最珍贵的金属之一。

煤炭资源最丰富的省份

山西，简称"晋"，又称"三晋"，有"煤乡"之称，是我国煤炭资源最丰富的省份，是中华文明发祥地之一，被称为"华夏之根"。

🔺复杂的地形

山西省地处华北西部的黄土高原东翼，境内有山地、丘陵、高原、盆地、台地等多种地貌类型。从地形上看，是一个由许多复杂山脉构成的高台地。

🔺气候

山西位于大陆东岸的内陆，外缘有山脉环绕，因而难于受海风的影响，形成了比较强烈的大陆性气候。冬季长而寒冷干燥；夏季短而炎热多雨；春季日温差大，风沙多。

> **note 知识小笔记**
>
> 山西的土特产繁多，较为著名的有杏花村汾酒、竹叶青酒、老陈醋、清徐葡萄等。

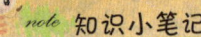 云冈石窟历史久远，规模宏大，内容丰富，雕刻精细，被誉为中国美术史上的奇迹。

🔺山河众多的省份

山西的山脉很多，东界太行山，西有吕梁山，北亘北岳恒山、五台山，南耸中条山，中立太岳山。境内有大小河流1 000多条。

资源丰富的旅游业

山西的旅游资源丰富，宋代以前的地上古建筑约占全国总数的70%之多，被誉为古代建筑的博物馆。五台山、壶口瀑布、北岳恒山、云冈石窟、乔家大院是全国闻名的旅游景点。

↑ 黄河壶口瀑布以排山倒海的壮观气势著称于世

"煤铁之乡"山西

山西主要矿藏有煤、铁、铝、铜、耐火黏土、石灰岩、石膏等。现已探明的煤矿储量为2 000亿吨，占全国的1/3，铁矿储量为30.5亿吨。由于煤炭储量丰富，煤炭工业在山西工业中占有头等重要的地位。

↑ 山西省丰富的煤矿资源

第一个大规模的商业城市

开封古称汴梁、汴京、东京,简称汴,位于中国河南省中部偏东,地处中华民族历史发源地、中国文化摇篮的黄河南岸,是一座历史文化悠久的古城。

适中的天气

开封坐落于广袤的豫东平原之上,属暖温带大陆性季风气候,四季分明,光照充足,气候温和,雨量适中。林木覆盖率高于全国平均水平,境内无山,河流、湖泊较多。

▼开封的店主寺

▲气势雄伟的开封龙亭

历史中的开封

开封已有2 700多年的历史,是中国多个重要王朝的首都,特别是北宋时期,都城汴京是人口超百万的大型城市,是中国政治、经济、军事、科技与文化中心,也是当时世界上最繁华的都市之一。

现代的农业经济

今天的开封农业也十分发达，所属五县均是全国商品粮和小麦生产基地，也是全省小麦、棉花、花生、大豆的重要产区。开封地处内陆与沿海之间，境内交通、通讯便利。

开封盛产小麦等多种农作物

地下资源

开封所辖区域地下资源已探明的有石油和天然气，地下还有丰富的煤炭、石灰岩、岩盐、石膏等矿藏。

煤炭是一种可以用作燃料或工业原料的矿物

知识小笔记

北宋画家张择端绘制的巨幅画卷《清明上河图》，生动形象地描绘了东京开封城的繁华景象。

如今的开封是重要的旅游城市

古韵古香的旅游景区

开封是中原地区黄河沿线重要的旅游城市，悠久的历史，深厚的文化积淀，使开封享有七朝都会、文化名城、大宋故都、菊城之盛名。形成了以宋代建筑风格为主，宋文化氛围浓郁，具有北方水城美誉的宋都旅游景区。

建朝最多的古都

西安市位于中国大陆腹地黄河流域中部的关中盆地，是世界四大历史古都之一，有13个朝代分别在此建都，是我国建都最多的古都。

西安的位置

西安的总体地势是东南高，西北与西南低。秦岭山脉横亘于西安以南，是我国地理上北方与南方的重要分界线。中国的大地原点和国家授时中心就在西安。

▲ 气势雄伟的大雁塔

▲ 密檐式佛塔——小雁塔

"西安文物甲天下"的美名

西安的旅游资源得天独厚，是著名的世界历史名城。深厚的历史文化积淀和浩瀚的文物古迹遗存使西安享有"天然历史博物馆"的美称。兵马俑、大雁塔、小雁塔、城墙、钟楼、鼓楼、西安碑林、大明宫等都吸引了大批国内外游客。

🏔 特色的饮食

西安的小吃很多,独具特色,有名的饺子宴、肉夹馍、羊肉泡馍、凉皮、锅盔等,都受到广大人民的喜爱。

📝 知识小笔记

埃及首都开罗、意大利首都罗马、希腊首都雅典和中国西安并称世界四大历史文化名城,又称世界四大文明古都。

▲ 色香味俱全的西安特色面皮

🏔 众多的高等院校

西安是中国重点高等院校最为集中的城市之一,在校学生人数仅次于北京、上海,居全国第三位,也是全国高校密度和受高等教育人数最多的城市。

▲ 西安高校林立,为国家培养出了许多栋梁之才。

🏔 丰富的矿产资源

西安地质构造类型多样,秦岭山区大片的火成岩、变质岩以及渭河盆地新生代沉积层,为各种金属、非金属,以及能源资源的集聚奠定了基础。主要有铁、锰、大理石、长石、白云岩、水泥灰岩、"蓝田玉"等。

令孩子着迷的100个中国之最

建筑工程

　　我国建筑工程源远流长,在世界建筑工程史中独树一帜,取得了很多重大成果。无论是古代的万里长城还是现代的三峡工程,都为我们展示出中国劳动人民的聪明才智。

最长的防御建筑

长城位于中国的北部,明代长城东起山海关,西至甘肃省的嘉峪关,横贯河北、北京、内蒙古、陕西、宁夏、甘肃等省、市、自治区,全长8 851.8千米,有"万里长城"之誉。

悠久的历史

长城是人类文明史上最伟大的建筑工程,它始建于2 000多年前的春秋战国时期,秦朝统一中国之后连成万里长城。汉、明两代又曾大规模修筑,其工程之浩繁,气势之雄伟,堪称世界奇迹。

知识小笔记

长城作为人类历史的奇迹,1987年被列入《世界遗产名录》。

◆ 万里长城是我国古代一项伟大的防御工程,它凝聚着我国古代人民的坚强毅力和高度智慧。

防御工程体系

绵延万里的长城并不只是一道单独的城墙,而是由城墙、敌楼、关城、墩堡、营城、卫所、镇城烽组成的一个完整的防御工程体系。这一防御工程体系,由各级军事指挥系统层层指挥、节节控制。

嘉峪关

因地制宜

长城建于高山峻岭或平原险阻之处,根据地形和防御功能的需要而修建,在平原或要隘之处修筑得十分高大坚固,而在高山险处则较为低矮狭窄,以节约人力和费用。

历史上各国修筑长城的目的主要是为了互相防范,以及防御北方游牧民族。

烽火台

烽火台是万里长城防御工程中最为重要的组成部分之一。它是用来传递军情的,传递的方法是白天燃烟,夜间举火。这样传递信息很科学又很迅速,成了古代传递军情的一种最好的方法。

建筑材料

在建筑材料和建筑结构上长城以"就地取材、因材施用"为原则,创造了许多种结构方法。有夯土、块石、片石、砖石混合等结构;在沙漠中还利用了红柳枝条、芦苇与砂粒层层铺筑的结构,称得上是"巧夺天工"的创造。

最长最早的运河

京杭大运河是世界上里程最长、工程最大的运河。它北起北京,南到杭州,全长约1 774千米。

富饶的沿河地理

京杭大运河流经京、津2市和冀、鲁、苏、浙4省,贯通海河、黄河、淮河、长江、钱塘江,从华北平原直达长江三角洲,地形平坦,河湖交织。

◀ 夜幕下的钱塘江

历史的开凿

大运河开掘于春秋时期,完成于隋朝,繁荣于唐宋,取直于元代,疏通于明清,主要经历三次较大的兴修过程,为以后国家经济文化的空前繁荣作出了巨大贡献。

note 知识小笔记

2006年5月25日,京杭大运河被国务院批准列入第六批全国重点文物保护单位名单。

🔺 巨大的价值 ▶▶▶

京杭大运河是我国仅次于长江的第二条"黄金水道",它一向为历代漕运要道,对南北经济和文化交流曾起到重大作用,古老的京杭大运河将来还要成为南水北调的输水通道。

➤ 京杭运河对中国南北地区之间的经济、文化发展与交流,特别是对沿线地区工农业经济的发展和城镇的兴起有着巨大的作用。

🔺 不容忽略的现状 ▶▶▶

近百年来大运河受到了很大破坏,有的城市河道已成为排污沟,近代工业与房地产等各种破坏性开发沿河历史文化遗迹的行为使黄河以北的许多河段污染、坍塌甚至干涸的状况较为普遍。

▲ 京杭运河苏州段

🔺 绿色航道 ▶▶▶

为了确保船舶航行安全、水质不受船舶污染以及节约土地资源,有关部门已采用具有国际先进水平的电气化轻轨控制船舶航行,从而实现低航道等级、高通航能力的安全型、节约型航行方式,实现绿色航运。

➤ 大运河是中华民族文化身份的象征。保护好京杭大运河,对于传承人类文明,促进社会和谐发展,具有重大的意义。

最早的大规模水利工程

都江堰位于四川省都江堰市城西,是由战国时秦国蜀郡太守李冰及其子主持始建的,经过历代整修,两千多年来都江堰一直发挥着巨大的作用。

巧妙的构造 >>>

都江堰水利工程由创建时的鱼嘴分水堤、飞沙堰溢洪道、宝瓶口引水口三大主体工程和百丈堤、人字堤等附属工程构成,科学地解决了江水自动分流、自动排沙、控制进水流量等问题。

知识小笔记

2000年,都江堰被列入《世界遗产名录》。

气势宏大的都江堰

会变化的堰首 >>>

自都江堰建成以来,堰首枢纽的位置一直在变化,由于河道的变迁等因素,加速了堰首位置的变化。现在我们看到的堰首位置是在1936年确定完成的。

🏛 有用的功效 >>>

都江堰至今还起着引水、灌溉和防洪的作用,另外也兼具水运和城市供水的功能,进而促进了整个四川地区的政治、经济和文化发展。

➤ 鱼嘴是修建在江心的分水堤坝,把汹涌的岷江分隔成外江和内江,外江排洪,内江引水灌溉。飞沙堰起泄洪、排沙和调节水量的作用。

🏛 典范的治水方略 >>>

都江堰"深淘滩、低作堰""乘势利导""因时制宜"等治水方略至今还没有改变,也使都江堰水利工程成为世界最佳水资源利用的典范。

➤ 都江堰工程至今犹存,仍发挥着重要作用。

🏛 发达的旅游业 >>>

都江堰不仅是举世闻名的中国古代水利工程,还是著名的风景名胜区,这一带风景优美,有不少名胜古迹,如二王庙、伏龙观、安澜索桥等。

➤ 都江堰一带风景优美,有不少名胜古迹,是一处十分理想的游览胜地。

最大的古建筑群

在首都北京,有一座庄严雄伟,辉煌灿烂的宫殿建筑群,这就是故宫。它是我国乃至全世界现存最大、最完整的古建筑群。

历史悠久的故宫

故宫位于北京市中心,旧称紫禁城。始建于1406年,故宫建成后,到1912年清帝逊位的五百多年间,历经了明、清两个朝代二十四位皇帝,是明清两朝最高统治核心的代名词。

知识小笔记

1961年,故宫被定为第一批"全国重点文物保护单位",1988年又被联合国教科文组织列为世界文化遗产。

外朝三大殿

太和殿、中和殿、保和殿,统称三大殿。这三座大殿是故宫中的主要建筑,它们高矮造型不同,屋顶形式也不同,显得丰富多样而不呆板。

令孩子着迷的 100 个中国之最

🏛 森严壁垒的城堡

故宫面积约为 725 平方千米，有大小院落 90 多座，房屋有 9 000 多间，周围环绕着高 12 米、长 3 400 米的宫墙，形式为一长方形城池，墙外护城河环绕，形成一个森严壁垒的城堡。

▲ 富丽堂皇的紫禁城建筑，尽显皇家风范。

▲ 雄伟庄严的午门

🏛 著名的四门

故宫有四个大门：午门、东华门、西华门、神武门。四大门雄伟、堂皇、庄严、和谐，建筑气势雄伟、豪华壮丽，是中国古代建筑艺术的精华。

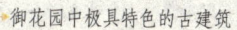

▶ 御花园中极具特色的古建筑

🏛 美丽的御花园

御花园里有高耸的松柏、珍贵的花木、山石和亭阁，占地 11 多平方千米，有建筑 20 余处。园林建筑采用主次相辅、左右对称的格局，布局紧凑、古典富丽。

最大的古代祭天建筑群

天坛地处北京,在原北京外城的东南部,始建于明朝永乐十八年,总面积为273万平方米,是明清两代帝王用以"祭天""祈谷"的地方。

奇特的建筑特点

天坛建筑的主要设计思想就是要突出天空的辽阔高远,以表现"天"的至高无上,还处处展示着中国传统文化所特有的寓意、象征的表现手法,北圆南方的坛墙和圆形建筑搭配方形外墙的设计,都寓意着传统的宇宙观。

note 知识小笔记

1961年,国务院公布天坛为"全国重点文物保护单位"。1998年被联合国教科文组织确认为世界文化遗产。

"天地墙"

天坛被两重坛墙分隔成内坛和外坛,形似"回"字。两重坛墙的南侧转角皆为直角,北侧转角皆为圆弧形,象征着"天圆地方",俗称"天地墙"。

▲ 美丽的北京天坛

祈年殿

祈年殿是皇帝祈祷五谷丰登的场所，是一座三重檐的圆形大殿，蓝色琉璃瓦顶，全砖木结构，没有大梁，全靠28根木柱和36根枋桷支撑，在建筑的造型上具有高度的艺术价值。

▶祈年殿是天坛的主体建筑，又称祈谷殿。

▲位于天坛南部的圜丘坛是皇帝举行冬至祭天大典的场所

圜丘坛

圜丘坛又称祭天台、拜天台、祭台，是一座露天的三层圆形石坛，为皇帝冬至祭天的地方。坛面除中心石是圆形外，外围各圈均为扇面形，顶层中心的圆形石板叫作太阳石，站在其上呼喊或敲击，声波会被近旁的栏板反射，形成显著的回音。

皇穹宇

皇穹宇坐北朝南，圆形围墙，南面设三座琉璃门，是供奉圜丘坛祭祀神位的场所。整个殿宇的外观状似圆亭，坐落在2米多高的汉白玉须弥坐台基上，周围均设石护栏，回音壁就是皇穹宇的围墙。

▲皇穹宇是放置皇天上帝和皇帝上八代祖宗牌位的地方

最大的城市广场

星海广场位于大连南部海滨风景区，竣工于1997年6月30日，是中国最大的广场。

🔺星海广场的前身

星海广场原是星海湾的一个废弃盐场，市政府利用建筑垃圾填海造地，形成了占地面积176万平方米的亚洲最大的城市公用广场。

知识小笔记

世界四大名船之一的英国皇家豪华游轮"奥丽安娜"号停泊在大连星海湾，它是一艘集观光、休闲、娱乐为一体的豪华游轮主题乐园。

🔺美丽的广场中心

星海广场中心面积4.5万平方米，以纪念香港回归为主体，广场中心由999块四川红大理石铺就，大理石上雕刻着天干地支、二十四节气和十二生肖，汉白玉华表雕有九条龙，寓意九州。

★星海广场背倚都市，面临海洋，令人心胸开阔。

🏛 音乐喷泉

环绕广场周围的是大型音乐喷泉,喷泉随着音乐的声音上下起伏,南行 500 米是蓝色的大海,中央大道红砖铺地,两侧绿草如海,令人心胸开阔。

🏛 星海会展中心

星海会展中心是大连市的一个标志性建筑,进一步促进大连乃至整个东北地区的对外交流。大连的国际服装节、烟花爆竹节、商品交易会等大型节庆活动就设在这里,这里一年四季都非常热闹。

▶夜色下的音乐喷泉

🏛 独特的雕刻

广场四周雕刻了造型各异的 9 只大鼎,每只鼎上以魏碑体书有一个大字,共同组成"中华民族大团结万岁",象征着中华民族的团结与昌盛。前面是打开的书形广场,面对无垠的大海,寓意着百年后的大连又翻开了新的一页。

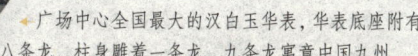

◆广场中心全国最大的汉白玉华表,华表底座附有八条龙,柱身雕着一条龙,九条龙寓意中国九州。

▶贝壳博物馆

🏛 博物馆

大连贝壳博物馆位于星海广场东南角,是亚洲展品最多的贝壳博物馆。大连现代博物馆位于星海会展中心西侧,模拟性和观众参与性特别强。

海拔最高的宫殿

布达拉宫屹立在拉萨市区西北的玛布日山上，是一座规模宏大的宫堡式建筑群。整座宫殿蜿蜒至山顶，人们在数十千米之外就可以远眺其雄姿。

悠久的历史

布达拉宫距今已有1300年的历史，它最初是松赞干布为迎娶文成公主而兴建的，17世纪重建后，成为历代达赖喇嘛的冬宫居所，也是当时西藏政教合一的统治中心。

> **知识小笔记**
> 布达拉宫已被列入国家重点文物保护单位和《世界遗产名录》。

宏大的规模

布达拉宫依山垒砌，建筑面积约13万平方米，主楼高117.2米，共有九层，下方的四层是由岩石向上砌筑的地垄墙，起支撑作用。整座布达拉宫有房屋近万间，全部为木石结构。

红白相间的布达拉宫

布达拉宫的主体建筑由三部分组成。红宫居中，东连白宫，西接扎厦，三者相互贯通，浑然一体。宫殿在平面上是由许多矩形房屋拼合而成的，结构十分复杂。在纵向上，各种房屋高低错落，前后参差有致，主次分明。

▲ 布达拉宫迷人的夜景

▲ 布达拉宫内的灵塔

艺术的殿堂

布达拉宫所有宫殿、佛堂和走廊的墙壁上，都绘满了壁画，周围还有各种浮雕，并收藏了大量文物珍宝和历代达赖喇嘛的灵塔，具有较高的历史和艺术价值。

周边环境

布达拉宫主体建筑的东西两侧，与高大的宫墙相接，宫墙内的山前部分叫作"雪城"，分布着原西藏政府噶厦的办事机构，宫墙内的山后部分称作"林卡"，主要是一组以龙王潭为中心的园林建筑，是布达拉宫的后花园。

▲ 布达拉宫是历世达赖喇嘛的冬宫，又是供奉历世达赖喇嘛灵塔的地方。

最长的石窟画廊

No.043

莫高窟又名"千佛洞",位于中国西部甘肃省敦煌市东南25千米处鸣沙山的崖壁上,莫高窟是我国最长的石窟画廊,被誉为20世纪最有价值的文化发现。

悠久的历史

莫高窟始建于十六国的前秦时期,历经十六国、北朝、隋、唐、五代、西夏、元等历代的兴建,现有洞窟735个,壁画4.5万平方米,泥质彩塑2415尊,是世界上现存规模最大、内容最丰富的佛教艺术圣地。

知识小笔记

甘肃敦煌莫高窟、山西云冈石窟、河南龙门石窟并称为中国"三大石窟艺术宝库"。

建筑艺术

莫高窟现存735个洞窟中保存绘画、彩塑的有492个,有禅窟、殿堂窟、塔庙窟、穹隆顶窟、"影窟"等形制,还有一些佛塔。窟型最大者高40余米、宽30米方。

佛教艺术的宝库——敦煌莫高窟

令孩子着迷的 100 个中国之最

▲ 敦煌莫高窟内的彩塑

彩塑艺术

彩塑为敦煌艺术的主体，有佛像、菩萨像、弟子像以及天王、金刚、力士、神等。彩塑形式丰富多彩，有圆塑、浮塑、影塑、善业塑等。最高 34.5 米，最小仅 2 厘米，题材之丰富、手艺之高超，堪称佛教彩塑博物馆。

壁画艺术

石窟壁画富丽多彩，各种各样的佛经故事，山川景物，亭台楼阁等建筑画、山水画、花卉图案、飞天佛像，以及当时劳动人民进行生产的各种场面等，是十六国至清代 1 500 多年的民俗风貌和历史变迁的艺术再现。

▶ 敦煌石窟艺术是集建筑、雕塑、绘画于一体的立体艺术，是人类文化宝藏和精神财富。

莫高窟藏经洞

莫高窟藏经洞出土文书多为写本，少量为刻本，汉文书写的约占 5/6，其他为古代藏文、梵文等。文书内容主要是佛经，此外还有道经、儒家经典、小说、诗赋等，并由此形成了一门以研究藏经洞文书和敦煌石窟艺术为主的学科——敦煌学。

令孩子着迷的100个中国之最

建筑工程

最早建于悬崖上的木结构建筑

悬空寺又名玄空寺，是国内现存的唯一的佛、道、儒三教合一的独特寺庙。它修建在悬崖峭壁间，始建于北魏后期，迄今已有1400多年的历史。

"奇"选址

悬空寺处于深山峡谷的一个小盆地内，全身悬挂于石崖中间，石崖顶峰突出部分好像一把伞，使古寺免受雨水冲刷。山下的洪水泛滥时，也免于被淹。四周的大山也减少了阳光的照射时间。

"悬"利用

全寺共有殿阁40间，表面看上去支撑它们的是十几根碗口粗的木柱，其实有的木柱根本不受力，所以有人用"悬空寺，半天高，三根马尾空中吊"来形容悬空寺，而真正的重心则撑在坚硬的岩石里，利用力学原理半插飞梁为基。

"奇""悬""巧"的悬空寺

"巧"布局

建寺时因地制宜，充分利用峭壁的自然状态布置和建造寺庙各部分建筑，将一般寺庙平面建筑的布局、形制等建造在立体的空间中，山门、钟鼓楼、大殿、配殿等都有，设计非常精巧。

悬空寺精巧的设计是人们智慧的结晶

丰富多彩的建筑风格

悬空寺的总体外观巧构宏制，重重叠叠，造成一种窟中有楼，楼中有穴，半壁楼殿半壁窟，窟连殿，殿连楼的独特风格，它既融合了我国的园林建筑艺术，又不失我国传统建筑的格局。

> **note 知识小笔记**
>
> 唐开元二十三年，李白游览悬空寺后，在石崖上书写了"壮观"二字。明代大旅行家徐霞客称悬空寺为"天下巨观"。

悬空寺内珍贵的、各式各样的造像，体现出了人们高超的艺术技艺。

珍贵的文物

悬空寺内现存的各种铜铸、铁铸、泥塑和石刻造像中，不少风格都具有早时期的特点，是具有较高艺术价值的珍品。

最古老的石拱桥

赵州桥坐落在河北省南部的洨河上，建于隋代，距今已有1400年的历史，是当今世界上现存最早、保存最完善的古代敞肩石拱桥。

机构新奇

赵州桥由匠师李春建造，结构新奇，造型美观，古人说它"制造奇特，人不知其所以为"。桥全长64.4米，宽9.6米，是一座由28道相对独立的石拱组成的单孔弧形大桥。

知识小笔记

赵州桥1961年被国务院列为第一批全国重点文物保护单位。

独特的圆弧拱形

赵州桥采用圆弧拱形式，改变了我国大石桥多为半圆形拱的传统，不仅使桥面过渡平稳，车辆行人非常方便，而且还具有用料省、施工方便等优点。

▶ 赵州桥只用单孔石拱跨越洨河，由于没有桥墩，既增加了排水功能，又方便舟船往来。

敞肩型拱桥

赵州桥因桥两端肩部各有两个小孔，不是实的，故称敞肩型。这样可以增加泄洪能力，减轻洪水季节由于水量增加而产生的洪水对桥的冲击力，节省大量土石材料，减轻桥身的自重，增加了造型的优美。

▲ 赵州桥极具特色的敞肩拱式结构

▲ 坐落在河北省南部洨河上的赵州桥

创造性的建筑技术

赵州桥桥址选择比较合理，桥基稳固牢靠，砌置方法新颖，施工修理方便。在保持大桥稳定性方面采取了许多严密措施。

赵州桥的传说

传说装着日月的张果老和运载着五岳名山的柴王爷一起过赵州桥，将桥压得摇摇欲坠，鲁班见此便跳入水中，用手将桥托住，才使得石桥安然无恙。至今桥上面还留下了清晰的驴蹄印、车道沟和膝盖印，桥底还保留着鲁班的手印。

▲ 赵州桥上的雕刻生动活泼，体现了中国古代工匠的超人智慧。

现存最早的皇家园林

晋祠是中国最早的皇家园林,它位于太原市西南郊25千米处,坐落在汾河西畔悬瓮山麓,为晋水源头。

历史悠久

晋祠至少已有1500多年的历史了,又名唐叔虞祠,因纪念姬虞这位晋国开国元勋而得名。姬虞的封地古称唐国,本人为周成王之弟,故被叫作唐叔虞。北齐时曾改称大崇皇寺,后复称晋祠。

水镜台是现存较大的明清戏台

山西"小江南"

晋寺依山傍水,古树参天;亭台池沼,星罗棋布;楼阁殿堂,雄伟壮观;气候宜人,风光秀美,是全国重点文物保护单位,还有山西"小江南"之称。

🏛 圣母殿

晋祠最著名的建筑为圣母殿，创建于宋代天圣年间，殿堂宽大疏朗，存有宋代精美彩塑侍女像 43 尊，塑像形象逼真，造型生动，情态各异，是研究宋代雕塑艺术和服饰的珍贵资料。

▶ 圣母殿

▲ 唐太宗李世民的手书碑刻

🏛 唐碑亭

唐碑亭内陈列着唐太宗李世民的手书碑刻"晋祠之铭并序"。全碑 1 200 多字，书法行草，骨骼雄健，笔力奇逸含蓄，是书法艺术的珍品。

📝 知识小笔记

在漫长的岁月中，晋祠曾经过多次修建和扩建，面貌不断改观。

🏛 金人台

金人台因四个铁人都为五金之属，所以人称之为"金人台"。它不但保存完整，而且神态威武，英姿勃勃，闪闪泛光，颇为独特。

▶ 金人台

令孩子着迷的100个中国之最

最大的皇家园林

颐和园位于北京西北郊海淀区，距北京城区15千米，是保存得最完整的一座皇家行宫御苑，被誉为皇家园林博物馆。

规模宏大的构造

颐和园景区占地面积2.97平方千米，主要由万寿山和昆明湖两部分组成，园内建筑以佛香阁为中心，园中有景点建筑物百余座、大小院落20余处，面积70多平方千米。

万寿山为燕山余脉，高约60米，前临昆明湖。

万寿山

万寿山高58.59米，建筑群依山而筑，以八面三层四重檐的佛香阁为中心，组成巨大的主体建筑群，山上还有景福阁、重翠亭、写秋轩、画中游等楼台亭阁。

note 知识小笔记

1998年，颐和园被联合国教科文组织列入《世界遗产名录》，被誉为是中国成为世界四大文明之一的有力象征。

昆明湖

昆明湖是清代皇家诸园中最大的湖泊。昆明湖碧波荡漾，游船、画舫在湖面慢慢地滑过，几乎不留一点痕迹。向东远眺隐隐约约可以望见几座古老的城楼和城里的白塔。

▶ 粼粼的湖水，蜿蜒的堤式，错落的岛屿，以及隐现在湖畔风光中的各式建筑，组成了颐和园中以水为主体的绝色风景。

十七孔桥

十七孔桥坐落在昆明湖上，为园中最大石桥。石桥宽8米，长150米，由17个桥洞组成。石桥两边栏杆上雕有大小不同、形态各异的石狮500多只。

▶ 造型优美的十七孔桥，将昆明湖的水面分出层次，使人有千亩碧波尽收眼底的空旷观感。

长廊

长廊位于万寿山南麓，全长728米，共273间，是中国园林中最长的游廊，廊上的每根枋梁上都有彩绘，共有图画14 000余幅，内容包括山水风景、花鸟鱼虫、人物典故等。画中的人物画均取材于中国古典名著。

▶ 颐和园的长廊是中国园林中最长的游廊，1992年被认定为世界上最长的长廊，列入"吉尼斯世界记录"。

最早的石窟寺

克孜尔千佛洞位于新疆拜城县克孜尔镇东南 7 千米的河流阶地上,它是中国开凿最早的石窟寺。

历史的悠久

克孜尔石窟坐落于悬崖峭壁之上,分三层修建,其中保存壁画的洞窟有 80 多个,壁画总面积约 1.2 平方千米。大约开凿于公元 3 世纪,公元 8～9 世纪逐渐停建,延续时间之长在世界各国也是绝无仅有的。

公元 7 世纪,龟兹王国的佛教达到极盛,甚至连龟兹王宫都装饰得同寺庙一般。其间,历代龟兹国王对克孜尔千佛洞石窟群的建造更没有停止。

克孜尔千佛洞,有人称它是"中国第二敦煌"。有关专家预测,用不了多久,它将比名震世界的敦煌更出名。

龟兹古国

克孜尔石窟是龟兹石窟艺术的发祥地之一,龟兹古国地处古丝绸之路上的交通要冲,曾经是西域地区政治、经济和文化的中心。龟兹的地理位置决定它成为"西域佛教"的一个中心,也成为佛教传入中原的一个重要桥梁。

价值连城的壁画

克孜尔石窟则是佛教艺术的重要形式，通过建筑和壁画来宣传佛教教义。壁画内容丰富，以凹凸画法著称，不仅有表现佛教的壁画，还有大量表现世俗生活情景的壁画。

▲ 栩栩如生的克孜尔千佛洞内的壁画

独特的洞窟

克孜尔千佛洞的洞窟形制大致有两种：一种为僧房，是供僧徒居住和作禅的场所，另一种为佛殿，是供佛徒礼拜和讲经说法的地方。

▲ 气势恢宏的克孜尔千佛洞

▶ 克孜尔千佛洞前的鸠摩罗什塑像，与真谛、玄奘并称为中国佛教三大翻译家。

知识小笔记

克孜尔千佛洞于 1961 年被列为全国第一批重点文物保护单位。

最大的石刻佛像

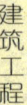

乐山大佛地处四川省乐山市的岷江、青衣江、大渡河三江汇流处，大佛双手抚膝正襟危坐，是我国乃至世界上最大的石刻弥勒佛坐像。

"佛是一座山，山是一尊佛"

乐山大佛头与山齐，足踏大江，双手抚膝，体态匀称，神势肃穆，依山凿成，临江危坐。佛像高71米，仅大佛头长就14.7米，宽10米，耳长7米，耳内可并立2人，脚背宽8.5米，可坐百余人。

知识小笔记

1996年12月，乐山大佛被联合国教科文组织列为《世界自然遗产》。

· 乐山大佛是唐代摩岩造像中的艺术精品之一，是世界上最大的石刻弥勒佛坐像。

悠久的历史

乐山大佛于唐玄宗开元初年开始动工，经三代工匠的努力，至唐德宗贞元十九年，前后历经90年时间才完工。

🔺 石块头发

大佛顶上共有螺髻 1 021 个，远看发髻与头部浑然一体，其实是以石块逐个嵌就，单块螺髻根部裸露处，有明显的拼嵌裂隙，无沙浆粘接。

🔺 木头耳鼻

佛像长达 7 米的佛耳，不是原岩凿就，而是用木柱作结构，再抹以锤灰装饰而成。大佛隆起的鼻梁，也是以木衬之，外饰锤灰而成。

大佛的巧妙设计对保护大佛起到了重要的作用，使佛像不至为雨水侵蚀。

🔺 排水系统布全身

两耳和头颅后面具有一套设计巧妙的水沟和洞穴，这些科学的排水、隔湿和通风系统，千百年来对保护大佛、防止侵蚀性风化，起到了重要的作用。

最早的佛寺

白马寺位于河南洛阳城东 10 千米处，古称金刚崖寺，号称"中国第一古刹"，也是佛教传入中国后第一所官办寺院。

▲白马寺的传说

相传汉明帝晚上梦到身高十丈的金神，从西而来，飞绕殿廷，便派遣使者前往西域寻求佛法，请回了天竺国的两位高僧，后又特意为他们修建僧院，据说是因当时驮载经书佛像的白马而得名。

▸ 白马寺建筑规模雄伟，现在的布局为明嘉靖时重修，仅存天王殿、大佛殿、大雄殿、接引殿四座大殿。

▲悠久的历史

白马寺建于东汉明帝永平 11 年，距今已有近 2 000 年的历史，千百年来已几度兴衰，现存建筑多为明清两代修建。整个寺庙坐北朝南，为一长形院落，总面积约 4 万平方米。主要建筑均列于南北向的中轴线上。

▲ 白马寺院内的建筑

大佛殿

大佛殿为寺内主殿,是寺内僧众举行宗教仪式的场所。此殿为明代重建,内供佛祖释迦牟尼,像高 2.4 米,为明代泥塑。左侧坐文殊菩萨,站者为迦叶,右侧坐普贤菩萨,站者为阿难。

> **知识小笔记**
>
> 1961 年国务院将白马寺定为第一批全国重点文物保护单位,1977 年又成立了白马寺文物保管所。

◆ 佛祖释迦牟尼。释迦牟尼原名乔达摩·悉达多,因其父为释迦族,因此成道后被尊称为释迦牟尼,意即"释迦族的圣人"。

大雄殿

大雄殿内供奉三世佛,正中坐莲花座的是释迦牟尼像,左侧为东方琉璃世界的药师佛,右侧为西方极乐世界的阿弥陀佛。佛前十八罗汉均为元代造像,是我国优秀的传统工艺,它具有造型美,重量轻,结实牢固,经久不坏的优点。大殿两侧壁上供佛 5 656 尊。

齐云塔

在白马寺东南不远处,有一座密檐式方形砖塔,名曰齐云塔。塔共 13 层,高约 25 米,造型别致,玲珑挺拔。它是我国第一古塔,始建于东汉永平十二年,重建于金大定十五年,至今已经有 1 900 多年的历史了。

◆ 白马寺最有标志性的地方

No.051

最著名的寺院

少林寺是中国佛教禅宗祖庭，有“禅宗祖廷，天下第一名刹”之誉，位于河南登封城西少室山，属于嵩山的核心景区之一。

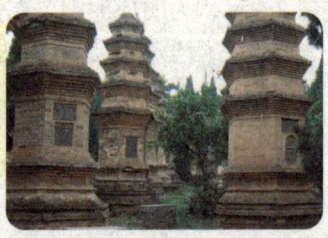

名字的来源

少林寺创建于北魏太和十九年，是北魏孝文帝元宏为安顿印度僧人跋陀落迹传教而建造的。因寺坐落于少室山阴的丛林之中，所以叫少林寺。

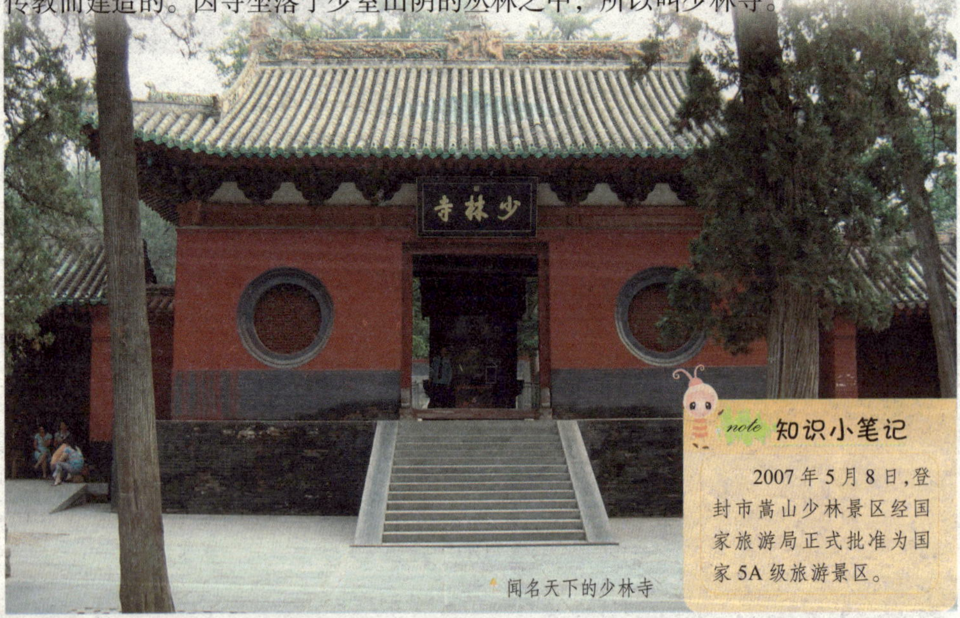

闻名天下的少林寺

note 知识小笔记

2007年5月8日，登封市嵩山少林景区经国家旅游局正式批准为国家5A级旅游景区。

令孩子着迷的100个中国之最

↑少林寺大雄宝殿

主要景点

少林寺的主体建筑为常住院，是寺中住持及众执事僧众们进行佛事活动和起居的地方，也就是人们所通称的少林寺。常住院依山而建，中轴建筑共为七进，即山门、天王殿、大雄宝殿、藏经阁等，两侧还有六祖殿、紧那罗殿、东西禅堂等建筑，面积3万多平方米。

少林功夫

少林功夫是一个庞大的技术体系，以其悠久历史、完备的体系和高超的技术境界独步天下。少林功夫套路共有700多套，其中拳术和器械552套，另外还有72绝技、擒拿、格斗、卸骨、点穴、气功等各类功法156套。

↓少林医药与少林寺武学、禅学同样光辉灿烂。

↑少林功夫在经历代武僧长期的实践经验和历史演变下形成了特有的功夫体系，它以朴实无华、刚柔相济，招式多变的实战风格流传至今。

少林药局

与少林寺武学、禅学同样光辉灿烂的是少林医药，它是历代少林僧人千锤百炼积累下来的经验与智慧的结晶，也是中华民族传统医药学的宝典。其中以少林黑膏最为著名。

最大的图书馆

中国国家图书馆原名北京图书馆,于1988年建成,坐落在北京图书馆原址以西的西郊紫竹院北侧。这是我国也是目前亚洲地区最大、藏书最多的图书馆,也是世界上著名的大型图书馆之一。

前身

北京图书馆的前身是清宣统元年的京师图书馆,主要用于收藏善本书等古籍,辛亥革命后由北京政府教育部接管,1912年8月27日开馆,正式接待读者。

藏书量丰富

馆藏资源包括图书、期刊、报纸、学位论文、工具书、年鉴、电子出版物、缩微资料、视听资料,还收藏有大量外文出版物,藏书量达到2 000万册。

中国国家图书馆

知识小笔记

1998年开始,中国国家图书馆开始立项实施"中国数字图书馆工程",部分馆藏资料实现数字化,部分数据已面向社会提供服务。

设备齐全的图书

位于紫竹院北侧的新馆,是由多层楼群环绕主楼的一组建筑。主楼地上十六层,地下三层。全馆占地面积7万平方米,馆内开设了30多个各类图书阅览室,还有小型研究室、现代化的管理设备和展览厅、学术报告厅等。

▲ 国家图书馆的藏书量非常丰富,设备也很齐全。

盲人数字图书馆

2008年9月9日,国家图书馆的中国盲人数字图书馆网站正式开通,该网站适用于盲用读屏软件,使盲人朋友足不出户就能享受到国家级图书馆的周到服务,此举填补了我国盲人数字图书馆的空白。

▲ 国家图书馆为盲人朋友开通了盲人数字图书馆

▲ 宽敞明亮并且先进的国家图书馆阅览室

其他职责

中国国家图书馆还履行中国全国书目中心的职责,负责编辑和出版国家书目、联合目录以及馆藏目录,下设中国国家图书馆出版社,到2003年,编写了《中国国家书目》《民国时期总书目》等30余种书目。

第一次自建铁路

京张铁路是詹天佑主持并胜利建成的连接北京和张家口的一条铁路,是完全由中国自己筹资、勘测、设计、施工建造的铁路。

基本情况

京张铁路连接北京丰台,经八达岭、居庸关、沙城、宣化至河北张家口,全长约 200 千米,于 1909 年建成。

图为北京丰台铁路段,它是京张铁路途经的一段。

詹天佑

詹天佑

詹天佑是建设铁路的总工程师,后兼任京张铁路局总办。他是中国首位铁路工程师,中国第一批官办留洋留学美国学生,有"中国铁路之父""中国近代工程之父"之称。

令孩子着迷的100个中国之最

提前完成

京张铁路于1909正式通车，施工时间比原定缩短了两年，而建造成本还比原来预算节省了35万两白银，总费只有外国承包商过去索取价银的1/5，可谓花钱少，质量好，完工快。

◀ 詹天佑和他的同事们，他们都为中国的铁路事业作出了重大的贡献。

外在条件

京张铁路这一段山势险峻、地形复杂，石工最多，工作人员还面临资金不足、机器短缺、技术力量薄弱等困难。

知识小笔记

为纪念詹天佑，在八达岭长城北侧建有詹天佑纪念馆。

▶ 詹天佑纪念馆

历史意义

京张铁路是中国人自行设计和施工的第一条铁路干线，是中国人民和中国工程技术界的光荣，也是中国近代史上中国人民反帝斗争的一个胜利。

最大的水利枢纽工程

长江三峡水利枢纽工程简称"三峡工程",是当今世界上最大的水利枢纽工程。它位于长江三峡之一的西陵峡的中段,坝址在宜昌市的三斗坪。

🌲 浩大的总工程 >>>

三峡工程建筑由大坝、水电站厂房和通航建筑物三大部分组成。工程分三期,从 1994 年开工,到 2009 年竣工,总工期 16 年,最终投资总额为 2 000 亿元。

知识小笔记

三峡工程是世界上施工难度最大的水利工程,它创造了混凝土浇筑的世界记录。

航拍的三峡大坝

🌲 大坝 >>>

三峡大坝为混凝土重力坝,大坝坝顶总长 3 035 米,坝高 185 米,总库容 393 亿立方米。三峡大坝建成后,将形成巨大的水库滞蓄洪水,使下游荆江大堤的防洪能力,由防御十年一遇的洪水,提高到抵御百年一遇的大洪水。

水电站

水轮机为混流式三峡水电站，是世界最大的水电站，总装机容量1 820万千瓦。这个水电站每年的发电量，相当于400万吨标准煤完全燃烧所发出的能量。主要供应华中、华东、华南、重庆等地区。

▶三峡水电站是世界上规模最大的水电站，也是中国有史以来建设最大型的工程项目。

通航建筑物

通航建筑物包括永久船闸和垂直升船机，永久船闸可通过万吨级船队，升船机可过一艘3 000吨级客货轮或1 500吨级船队，这样能够较为充分地改善重庆至武汉间通航条件，满足长江上中游航运事业远景发展的需要。

▶三峡工程的建成也为航运带来长远的发展前景

▶三峡大坝是人们旅游观光的好去处

发达的旅游业

三峡大坝旅游观光区是湖北省仅有的两个5A级国家旅游区之一，随着三峡宽谷成平湖，在长达650千米的水库里，可形成峡谷及漂流河段37处，溶洞15个，湖泊11个，岛屿14个。

令孩子着迷的 100 个中国之最

最大的礼堂

人民大会堂是中国全国人民代表大会开会的地方,也是中国国家领导人和人民群众举行政治、外交、文化活动的场所。

🔺 建造速度之快 ▶▶▶

人民大会堂为建国 10 周年首都十大建筑之一,完全由中国工程技术人员自行设计、施工,1958 年 10 月动工,1959 年 9 月建成,这里集中了当时全国各地的建筑材料,建筑工人加班进行建设,仅仅用了 10 个月时间就完成了从设计图纸到从内到外所有装修及设备的安装调试,是中国建筑史上的一大创举。

▲ 位于北京市中心天安门广场西侧的人民大会堂

🔺 气势恢宏的外表 ▶▶▶

人民大会堂坐西朝东,建筑面积 17.18 万平方米,比故宫的全部建筑面积还要大。人民大会堂壮观巍峨,建筑平面呈"山"字形,外表为浅黄色花岗岩,上有黄绿相间的琉璃瓦屋檐,下有花岗岩基座,周围还环列着 134 根高大的圆形廊柱。

▲ 人民大会堂建筑风格庄严雄伟,壮丽典雅,富有民族特色以及四周层次分明的建筑,构成了一幅天安门广场整体的庄严绚丽的图画。

🏛 三大组成部分 >>>

人民大会堂建筑主要由3部分组成：进门便是简洁典雅的中央大厅，厅后是宽达76米、深60米的万人大礼堂；大礼堂北翼是有5000个席位的大宴会厅；南翼是全国人大常务委员会办公楼。另外，大会堂内还有以全国各省、市、自治区名称命名、富有地方特色的厅堂。

note 知识小笔记

人民大会堂也是全国人民代表大会常务委员会的驻地，每年中国的许多法律法规都将在这里产生。

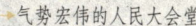
气势宏伟的人民大会堂

万人大礼堂顶棚呈穹隆形与墙壁圆曲相接，体现出"水天一色"的设计思想。

🏛 万人大礼堂 >>>

万人大礼堂位于人民大会堂的中心区域，礼堂平面呈扇面形，总计可容纳1万人。礼堂席位装有会议代表电子服务单位，可进行12种语言的同声传译和议案表决即时统计，并装有喇叭，主席台两侧还设有会议信息大屏幕显示系统。万人大礼堂的顶部中央是红宝石般的巨大红色五角星灯，与顶棚500盏满天星灯交相辉映。

令孩子着迷的100个中国之最

令孩子着迷的100个中国之最

科技成就

我国古代的科学技术，长时期处于世界前列，有过惊人的辉煌历史，给我们留下了十分珍贵的文化遗产。

最早的天象记录

我国的天文学历史悠久,成就举世瞩目,古代大量的天象记录详细完备,准确性高,而且时间大都早于世界各国。

最早的日食记录

距今约四千多年,《尚书·胤征》中就有记载:"乃季秋月朔,辰弗集于房……瞽(瞍)奏鼓,啬夫驰,遮人走……"描写了当时还没有认识日食自然规律的人们惊慌失措,鸣鼓奔走的情况。这次日食的记录,是我国和世界上最早的日食记录。

知识小笔记

国外最早的日食记录发生在巴比伦,时间是公元763年6月15日,比我国最早的日食记录要晚得多。

日食现象对于古代人来说是很可怕的一种现象。他们认为日食是因为一条龙吞掉了太阳,所以通常用打鼓、朝天空射箭、拿物或人祭祀等办法来解决。

最早的流星雨记录

地球在绕太阳运行的路程中和流星群相遇时,流星成群出现,如下雨一样,称作"流星雨"。最详细的记录见于《左传》:"鲁庄公七年夏,四月辛卯夜,恒星不见,夜中星陨如雨。"这次流星雨的记录,是我国和世界上关于流星雨最早的详细可靠的记录。

▲ 黑暗的夜空有流星雨划过,呈现出一道美丽的风景。

最早的彗星记录

我国古代对彗星的称呼有"星孛""蓬星""长星"等,我国很早就有关于彗星的记录。《春秋》一书的记载:"鲁文公十四年秋七月,有星孛入于北斗。"这是我国和世界上最早的一次哈雷彗星记录。

◂ 彗星

最早的太阳黑子记录

《汉书·五行志》记载,西汉"河平元年……三月已未,日出黄,有黑气大如钱,居日中央"。详细叙述了黑子出现的时间和位置,这是现今世界上公认的最早的太阳黑子记录。

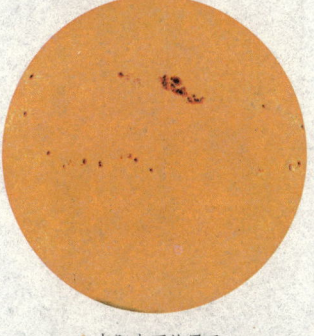

▲ 太阳表面的黑子

最早的星图

星图是恒星观测的一种形象记录,它是天文学上用来认星和指示位置的一种重要工具。

最早的星图

原藏于敦煌莫高窟的敦煌星图,是我国和世界上现存最早的星图。敦煌星图约绘制于公元8世纪初,用圆圈、黑点和圆圈涂黄三种方式绘出1350多颗星,中间夹有说明文字,是世界上现存星数最多的星图之一。这份珍贵的星图于1907年被英国人斯坦因盗走,现保存在英国伦敦博物馆。

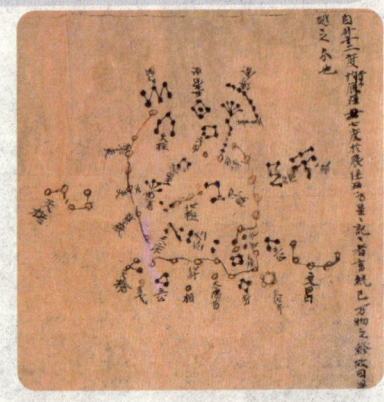

▲ 敦煌星图,其画法从十二月开始,按照每月太阳位置沿黄、赤道带分十二段,先把紫微垣以南诸星用类似墨卡托圆筒投影的方法画出,再将紫微垣画在以北极为中心的圆形平面投影上。

▲ 中国古代的星图之一

最早的石刻星图

我国现存最早的石刻星图是在杭州的吴越文穆王钱元瓘及其次妃的墓中发现的。这两幅石刻星图的直径均约为1.9米,图上刻的主要是二十八宿和若干北极附近的星辰,各约180颗,还刻出了上、下规和赤道。

最早的比较齐全的石刻星图

苏州石刻星图是我国和世界上现存最早的比较齐全的石刻天文图。它总高约 2.45 米，宽约 1.17 米，该图分两部分，上部分是星图，下部分刻着说明文字，图文对照，相得益彰。全图共有星 1 440 余颗，银河清晰，河汉分叉，刻画细致。

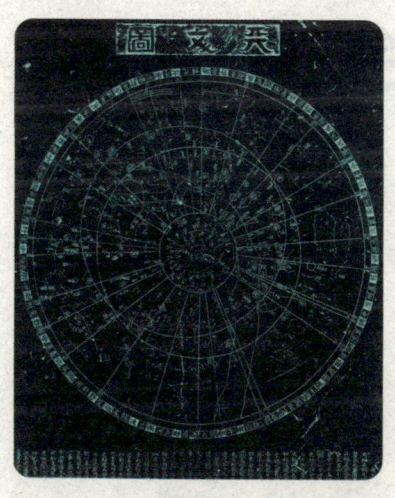
▲ 苏州石刻天文图，它已被列为全国重点保护的文物。

知识小笔记

星图是将天体的球面视位置投影于平面而绘成的图，表示它们的位置、亮度和形态，是天文观测的基本工具之一。

★ 中国古代记录的彗星图。各种不同的彗星，为后来的彗星观测提供了依据。

最早的彗星图

最早的彗星图出自于湖南长沙马王堆三号西汉墓，里面绘有 29 幅不同形态的彗星。每幅彗星图下面都写有占卜的文字，占文的开头都记有彗星名称。有关专家认为，彗星图虽然是在西汉墓中发现的，但却是战国时期天文学的成果，说明了早在 2 000 多年以前，我国在彗星观测上就已经取得了惊人的成就。

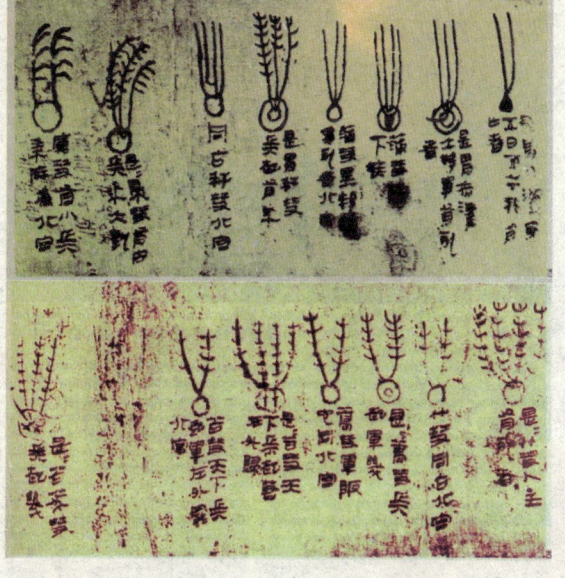

现存最早的天文台

位于河南省登封市东告城镇的观星台,北依嵩山,南望箕山,处颍河之滨,是我国现存最早的天文台,也是世界上最早的天文建筑之一。

🏷 中心观测站

观星台建于元代至元十二年。元世祖忽必烈统一中国后,为了恢复农牧业生产,任用著名科学家郭守敬和王恂等进行历法改革。首先,郭守敬创制了新的天文仪器,然后又组织了天文大地测量,在全国27个地方建立了天文台和观测站,登封观星台就是当时的中心观测站,随后还制定了新的历法。

▲ 登封观星台的直壁和石圭是郭守敬所创高表制度的实物例证

▲ 郭守敬是中国元朝的大天文学家、数学家、水利专家和仪器制造家。

🏷 结构特点

观星台是一座高大的青砖石结构建筑,由前后院落组成,共分照壁、山门、垂花门、周公测影台、大殿、观星台等,院内复制安装各种天文仪器十多种。

周公测影台

周公测影台是我国古代测量日、验证时令季节计年的一种天文仪器，它通高3.91米，由石圭和石表两部分组成，距今已有1 200多年的历史。

> **知识小笔记**
>
> 1961年3月4日，登封观景台被国务院公布为全国第一批重点文物保护单位。

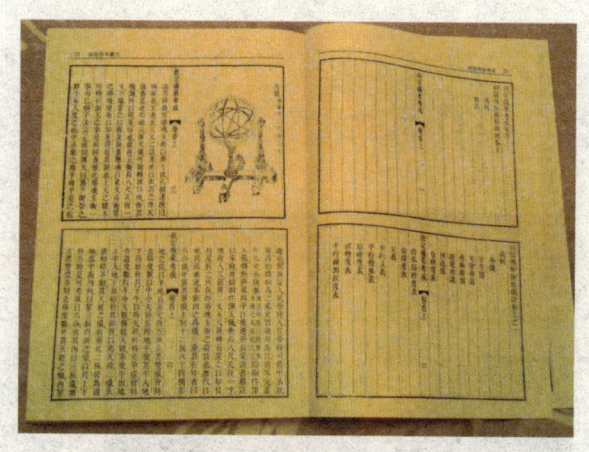

▶ 中国古代天文记录书籍，它为后来天文的研究提供了参考和依据。

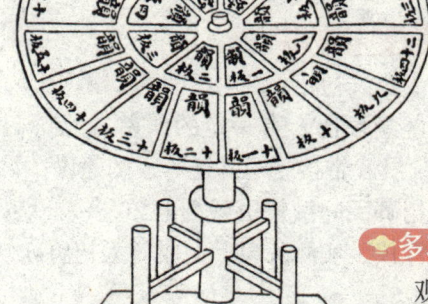

▲ 中国古代观星仪

测量方法

测景台测量的原则和方法有三个。一，圭和表必须是垂直角度；二，圭与表的设置必须与当地子午线相吻合；三，观测日影必须在每天中午，日复一日，天天测影，把每天测量的影长数量记录下来，把表影最长的那天定为"冬至"。

多功能天文台

观星台在当时是一座具有测影、观星和记时等多种功能的天文台。元初进行"四海测验"时，就有在此地观测北极星的记录。

第一部比较完整的历法

我国的农业生产历史悠久,古代曾制定过许多历法,其中西汉的《太初历》是第一部比较完整的历法,也是历法史上第一次大变革。

●历法

历法是长时间的记时系统。具体地说,就是对年、月、日、时的安排。因为农事活动和四季变化密切相关,所以历法最初是为农业生产的需要而创制的。

●制定起因

西汉初年,沿用秦朝的《颛顼历》,但《颛顼历》有一定的误差。元封七年,汉武帝接受司马迁等人的建议,下令招募民间擅长历算之士20多人,制造浑仪、实测天象,制成《太初历》。

▲ 甲骨文中记录的最初的历法,是《太初历》的重要起源。

日期的规划

《太初历》把一日分作八十一分，故又称《八十一分律历》。规定一年等于365.2502日，一月等于29.53086日，将原来以十月为岁首改为以正月为岁首，开始采用有利于农时的二十四节气，以没有中气的月份为闰月。

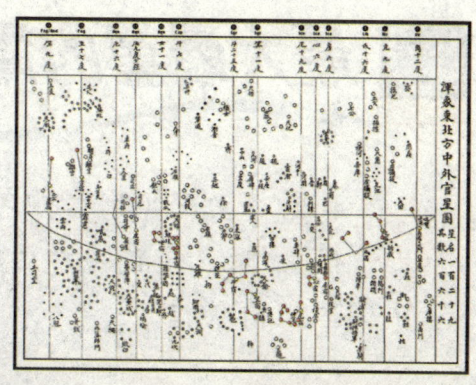

▸中国古代通过星象来记录历法的图

日月食的计算

《太初历》还第一次计算了日、月食发生的周期，发现在135个朔望月中，有23个"食季"。这就明确地指出了日、月食的发生有着一定的规律性，为我国古代的日、月食预报打下了基础。

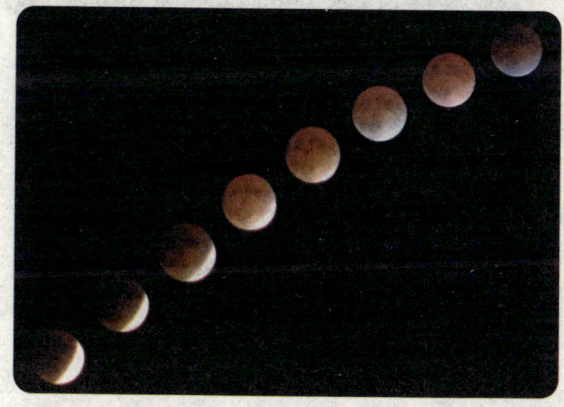

▸月食是一种特殊的天文现象，指当月球运行至地球的阴影部分时，在月球和地球之间的地区会因为太阳光被地球所遮闭，就好像看到月球缺了一块。

知识小笔记

汉成帝末年，由刘歆重新编订《太初历》，改称《三统历》。

施行时间

《太初历》调整了太阳周期和阴历记月不相合的矛盾，是当时世界上最先进的历法。从汉武帝太初元年起到东汉章帝元和二年止，一共行用了189年。

最大最重的青铜器

在我国河南安阳出土的司母戊大方鼎,是商朝青铜器的代表作,也是我国乃至全世界最大最重的青铜器,现藏于中国国家博物馆。

中国鼎文化

中国鼎文化的起源可以一直追溯到原始社会新石器时代,早在7 000多年前就出现了陶制的鼎。青铜鼎本来是日用的饮食容器,后来发展成祭祀天帝和祖先的"神器",鼎还是古代贵族身份的代表。

▲ 中国古代用来祭祀的鼎

名字的由来

司母戊大方鼎是中国商代后期王室祭祀用的青铜方鼎,因其腹部著有"司母戊"三字而得名,该鼎是商王武丁的儿子为祭祀母亲而铸造的。

▲ 司母戊鼎器高大厚重,形制雄伟,气势宏大,纹势华丽,工艺高超。

令孩子着迷的100个中国之最

工艺高超的鼎器

司母戊大方鼎器型高大厚重、气势宏大，高133厘米、重875千克，鼎身呈长方形，口沿很厚，轮廓方直，显现出不可动摇的气势。除鼎身四面中央是无纹饰的长方形素面外，其余各处皆有纹饰。

◂ 司母戊大方鼎是商王室重器，也是商代青铜文化顶峰时期的代表作。

note 知识小笔记

鼎的常见器形为圆腹、两耳、三足，呈盆、盂状，也有少量呈斗状的四足方鼎，一般都较厚重。

"一波两折"的出土

司母戊大方鼎最初为乡人私自挖掘，出土后因过大过重不易搬迁，私掘者又将其重新掩埋，在1946年6月重新出土。

◂ 中国古代的鼎被视为传国重器、国家和权力的象征，"鼎"字也被赋予"显赫""尊贵""盛大"等引申意义。

较高的价值

司母戊大方鼎充分显示出商代青铜铸造业的生产规模和技术水平，也是研究中国古代历史的重要史料。

最古老的计算工具

算筹是我国最早的计算工具，大约起源于西周，有两千多年的使用历史。用算筹可进行加、减、乘、除、开方等多种运算，其计算程序同珠算基本一样。

算筹的发现

1971年，在陕西千阳县出土了30多根西汉宣帝时期的骨质算筹，每根长13厘米左右，是考古中首次发现的算筹实物。

知识小笔记

《汉书·律历志》记载秦汉时的算筹长六寸（13.86厘米），直径一分（0.23厘米），这是有关算筹形制的最早的文字材料。

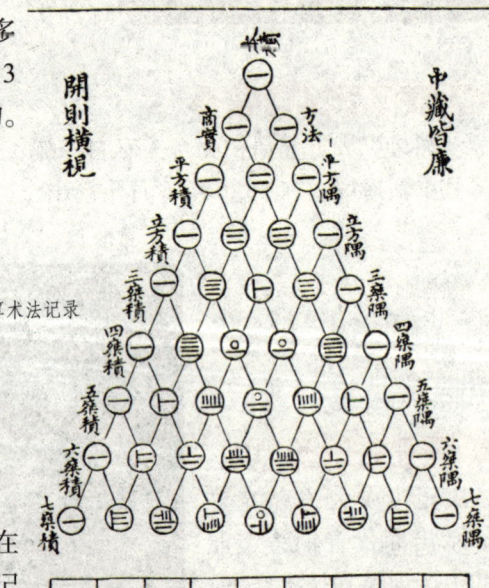

中国古代的算术法记录

装在袋子里的算筹

算筹大约二百七十几枚为一束，放在一个布袋里，系在腰部随身携带。需要记数和计算的时候，就把它们取出来，放在桌上、炕上或地上都能摆弄。

算筹的样子

古代的算筹实际上是一根根同样长短和粗细的小棍子，一般长为13～14厘米，径粗0.2～0.3厘米，多用竹子、木头、兽骨、象牙、金属等材料制成。

▶中国古代算筹的一种

算筹的使用

用算筹表示数字共有两种形式，一种称纵式，也叫直式，一种称横式。人们规定用纵式表示个位、百位、万位、百万位……用横式表示十位、千位、十万位、千万位……以此类推，纵横相间，可表示任何整数。遇到"零"数不摆算筹。

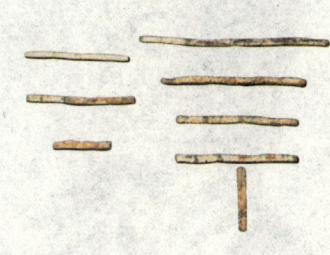

▲中国古代算筹不同的表示方式

算筹的不足

算筹的不足之处是运算时需占用一定面积，摆列算筹时容易出错，因此，在15世纪算盘得以推广后，便取代了算筹。

▶在算筹的基础上，人们研究出了方便准确的算盘。

最早的地震仪

地震仪是汉代科学家张衡的传世杰作,是中国和全世界第一架地震仪。欧洲直到1880年,才制成与此类似的仪器,比起张衡的发明足足晚了1700多年。

◆地震仪的制造

在张衡所处的东汉时代,地震比较频繁。据《后汉书·五行志》记载,自和帝永元四年到安帝延光四年的30多年间,共发生了26次大的地震。为了掌握全国地震动态,他经过长年研究,终于在公元132年发明了地动仪。

◀张衡像

note 知识小笔记

张衡是我国东汉时期伟大的天文学家,创制了世界上第一架漏水转浑天仪、指南车、飞行数里的木鸟等。

◆地震仪的使用

当某个地方发生地震时,樽体随之运动,触动机关,使发生地震方向的龙头张开嘴,吐出铜球,落到铜蟾蜍的嘴里,发出很大的声响。于是人们就可以知道地震发生的方向。

令孩子着迷的100个中国之最

🔹 生动的外形

地动仪"形似酒樽",上有隆起的圆盖,外面刻有篆文及各种图形,仪器内部有一根"都柱",柱旁有八条通道,连接外面面朝八个方向的龙头,每个龙头嘴里都衔有一个铜球。对着龙头,八个蟾蜍蹲在地上,个个昂头张嘴,准备承接铜球。

🔹 地动仪的原理

据学者们考证,张衡在当时是根据力学上的惯性原理,利用物体的惯性来得到大地震动波,进行远距离测量的,这个原理至今仍然沿用。

▲ 地动仪的外形像一个大型酒樽

▲ 浑天仪模型

🔹 新模型

1700多年前,地动仪神秘消失,它的模样和工作原理成为千古谜团。2008年8月5日,地震仪的新模型被成功复制,精美无比。

最早的麻醉药剂

手术麻醉剂是手术过程中极其重要的条件,没有麻醉的手术会给病人带来很大的痛苦。世界上最早的麻醉剂是由我国东汉名医华佗发明和使用的。

名医华佗

华佗是东汉名医,精通医术,行医的足迹遍布安徽、江苏、山东、河南等地。华佗医术十分精湛,他将麻沸散给病人喂服,首创了用全身麻醉法施行外科手术,被后世尊为"外科鼻祖"。

知识小笔记

麻沸散的主要成分曼陀罗花可使肌肉松弛,汗腺分泌受抑制,它是古代"蒙汗药"的主要成分。

▲ 华佗,汉末著名医学家、养生家。

麻沸散的组成

麻沸散的药物组成至今还无定论。传说是由曼陀罗花、生草乌、当归、茉莉花根等组成。但据后人考证，这些都不是华佗的原始处方。

◆ 图为曼陀罗花。华佗死后，麻沸散失传，现代医学家推测，麻沸散的组成药物应包括有麻醉作用的曼陀罗、乌头、蟾酥等。

麻沸散的价值

麻沸散的发明为我国医学史上增添了美妙的一笔，也有力推动了外科手术的发展，并为外科手术深入到人体各个"禁区"创造了条件。

◆ 东汉青瓷堆塑罐，是一种高级殉葬品。它和麻沸散出现在同一时代。

◆ "五禽戏"是华佗创作的一套健身操

麻沸散的失传

传说华佗建议曹操进行开颅手术，曹操不相信华佗，将他处死。麻沸散的配方被狱卒的妻子烧掉，麻沸散从此失传。

最早的造纸术

造纸术是中国四大发明之一、人类文明史上一项杰出的发明创造。一直以来,人们都认为造纸术是由东汉元兴元年蔡伦发明的。

❖"蔡伦纸"的前身

古人以上等蚕茧抽丝织绸,剩下的恶茧、病茧等则用漂絮法制取丝绵。漂絮完毕,篾席上会遗留一些残絮。当漂絮的次数多了,篾席上的残絮便积成一层纤维薄片,经晾干之后剥离下来,可用于书写。

▲ 蔡伦墓。蔡伦在总结前人制造丝织品经验的基础上,制造成了合适书写的植物纤维纸,才使纸成为普遍使用的书写材料。

▲ 造纸要通过很多道工艺才能制作完成

❖蔡伦的改进

蔡伦用树皮、麻头及敝布等植物的原料,经过挫、捣、炒、烘等工艺制造出纸张。自从造纸术发明之后,纸张便以新的姿态进入社会文化生活之中,并逐步在中国大地传播开来。

最早的西汉古纸

最早出土的西汉古纸是 1933 年在新疆罗布淖尔古烽燧亭中发现的,年代不晚于公元前 49 年。

绝非一人之功

蔡伦的造纸技术环节众多,必然有一个发展和演进的过程,它也是我国劳动人民长期经验的积累和智慧的结晶。

↑ 中国的造纸术十分古老,每一道工序虽然简单,但都是经历千百年的改进而来的,凝聚着中国劳动人民无穷的智慧。

知识小笔记

中国是世界上最早养蚕织丝的国家。

造纸术的推广

蔡伦的造纸术 6 世纪传到朝鲜、越南和日本,8 世纪传到中亚,并经阿拉伯人传到非洲和欧洲。它的发明和推广,对社会的进步和发展起着重大的作用。

↑ 蔡伦总结西汉以来造纸经验,改进造纸工艺,受到汉和帝称赞,造纸术也因此而得到推广。

最早的印刷术

大约在公元7世纪前期,世界上最早的雕版印刷术在唐朝诞生了。雕刻版面需要大量的人工和材料,但雕版完成后一经开印,就显示出效率高、印刷量大的优越性。

◆ 雕版印刷的雏形

大约在公元3世纪的晋代,随着纸、墨的出现,印章也开始流行起来。公元4世纪东晋时期,石碑拓印得到了发展,人们把印章和拓印结合起来,再把印章扩大成一个版面,蘸好墨,仿照拓印的方式,把纸铺到版上印刷,这就是雕版印刷的雏形。

note 知识小笔记

雕版印刷对文化的传播起了重大作用,但是也存在刻版费时费工费料、有错字不容易更正等缺点。

◆ 雕版印刷术是一种具有突出价值且民族特征鲜明、传统技艺高度集中的人类非物质文化遗产。

雕版印刷的过程

雕版印刷需要先在纸上按所需规格书写文字,然后反贴在刨光的木板上,再根据文字刻出阳文反体字,这样雕版就做成了。接着在版上涂墨、铺纸,用棕刷刷印,然后将纸揭起,就成为印品。

▶ 古代雕版印刷的模型。雕版印刷为后来的活字印刷术开了技术上的先河,是世界现代印刷术的最古老的技术源头。

全盛时代

宋代雕版印刷已发展到全盛时代,公元971年刻印《大藏经》,雕版13万块,花费12年,至今中国仍保存着大约700本宋代雕版印刷的古籍,清晰精巧的字迹使之成为稀有的书中典范。

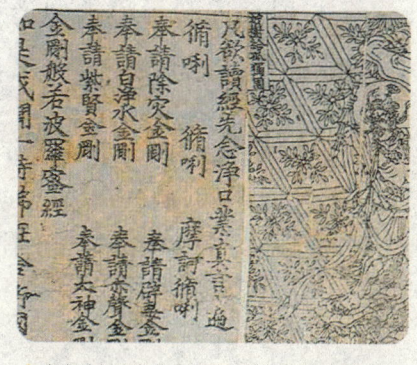

▶ 唐宋时候的书籍普遍采用雕版印刷,字迹清晰。

最早的雕版印刷品

现收藏在英国伦敦博物馆的唐咸通九年的《金刚经》,是现存最早的标有年代的雕版印刷品。

▶ 雕版印刷的《金刚经》

最早的指南针

指南针的前身是中国古代四大发明之一的司南。战国时代,我国人民利用磁铁制造了一种指示方向的工具,叫"司南"。"司南"就是指南的意思。

磁石的发现

早在2 000多年前中国人就发现山上的一种石头具有吸铁的神奇特性,并发现一种长条的石头能指南北,他们管这种石头叫作磁石。

▶古代的人们首先发现了磁石引铁的性质,后来又发现了磁石的指向性。经过多方的实验和研究,终于发明了实用的指南针。

▲中国古代的指南针

奇特的外形

指南针的始祖大约出现在战国时期,它是用天然磁石制成的,样子像一把汤勺,圆底,可以放在平滑的"地盘"上并保持平衡,"地盘"中心圆外围依次布列八卦、天干、地支和二十八宿,共计二十四个方位。

司南的使用

使用司南的时候,先把底盘放平,再把司南放在底盘的中间,用手拨动它的柄,使它转动。等到司南停下来,它的长柄就指向南方,勺子的口则指向北方。

▶ 司南是指南针的鼻祖

古代的现实运用

司南是所有指南针的始祖。《鬼谷子》中记载了司南的应用,在战国时候,有人去采玉,怕在荒山中迷路就带上司南,以确保不迷失方向。

知识小笔记

到了宋代,劳动人民掌握了制造人工磁体的技术,还制造了指南鱼。

▶ 指南针的发明为人类作出重大贡献,尤其是航海事业。

巨大的价值

指南针的发明和应用,不仅使人们克服了远航时不易辨别方向的困难,而且也推动了世界航海事业的发展和文化交流。我国不但是世界上最早发明指南针的国家,而且也是最早把指南针用于航海的国家。

最早的火药武器

中国是火箭的故乡，火箭也是我国和世界上最早的火药武器。我国最早使用火箭是在唐朝末年。

"燃烧箭"

"火箭"这个词在三国时代就出现了，不过那时的火箭只是在箭杆前端绑有易燃物，点燃后由弓射出，故亦称"燃烧箭"。

我国古代的神火飞鸦

火药又被称为黑火药，在适当的外界能量作用下，自身能进行迅速而有规律的燃烧，同时生成大量高温燃气的物质。在军事上主要用作枪弹、炮弹的发射药和其他驱动装置的能源。

火箭的产生

唐末已经有火药用于火箭的文字记载。北宋的军官冯继升、岳义方、唐福等曾向朝廷献过火箭及火箭法。这时的火箭虽然使用了火药，但还是比较简单，仍由弓弩射出。

现代火箭的雏形

作为兵器的古代火箭，在宋、元、明代有过几百年的辉煌历史。原始火箭虽然没有现代火箭那样复杂，但已经具有类似战斗部的箭头、推进系统般的火药筒和起稳定系统的尾部羽毛等结构，已经是现代火箭的雏形。

明朝的火龙出水是世界上最早的二级火箭。因多从船上发射，故称"火龙出水"。

知识小笔记

我国不但发明了火箭，而且还最早应用了多级串联和捆绑并联的技术，以提高火箭的运载能力。

现代火箭的发动机是火箭重要的组成部分，为火箭的发射提供动力。

现代火箭可用作快速远距离运送工具，如作为探空、发射人造卫星、载人飞船、空间站的运载工具，以及其他飞行器的助推器等。

万户飞天

相传在14世纪末期，中国有位叫"万户"的人，两手各持一大风筝，请他人把自己绑在一把特制的座椅上，座椅背后装有47支当时最大的火箭，试图实现升空的理想。但万户的勇敢尝试惨遭失败，并为此献出了生命。

第一个测子午线长度的人

僧 一行是一位在中国科学技术史上卓有建树的著名天文学家,在天文、历法、仪器制造和数学等方面都有很大的功绩,他也是我国乃至全世界第一个测子午线长度的人。

子午线

子午线也叫经线,是在地面上连接两极的线,表示南北方向。经线和垂直于它的纬线构成地球上的坐标即经纬网。地球上任何一个地方的位置都可以用一条经线和纬线的交叉点来表示。

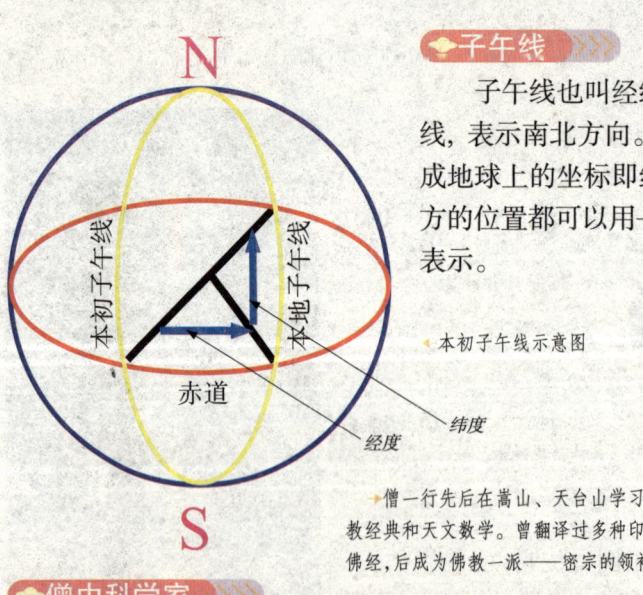

▶ 本初子午线示意图

▶ 僧一行先后在嵩山、天台山学习佛教经典和天文数学。曾翻译过多种印度佛经,后成为佛教一派——密宗的领袖。

僧中科学家

僧一行是唐代著名天文学家、高僧,本名张遂。武则天侄武三思想借重他的声誉与他结交,被他拒绝了,后来他隐入嵩山,削发为僧。一行是他的法名。

🌸 子午线的测量

公元 724～725 年，僧一行组织了全国 13 个点的天文大地测量。一行等人得出了北极高度相差一度，南北距离就相差 131.3 千米的结论。这个数据就是地球子午线一度的弧长，这与现在计算出的北纬 34.5° 的子午线一度弧长 110.6 千米，仅差 20.7 千米。

🌸 修订历法

公元 721 年，玄宗下诏让僧一行修订历法。他从 725 年开始编订历法，至逝世前完成草稿。《大衍历》结构严谨，演算合乎逻辑，在日食的计算上，他也首次考虑到全国不同地点的日食发生情况。

▲ 僧一行雕像

知识小笔记

在国外，最早实测子午线的活动是阿拉伯人，比我国晚约 90 年。

▲ 僧一行编撰《大衍历》。《大衍历》是一行在全面研究总结古代历法的基础上编制出来的。

🌸 测子午线的意义

僧一行测得的数据误差虽然稍大，但是作为世界上第一次子午线长度的实测，它开创了我国通过实际测量认识地球的道路。

最古老的天文钟

水运仪象台是我国古代一种大型的天文仪器,由宋朝天文学家苏颂等人创建,这台仪器的制造水平堪称一绝,充分体现了我国古代人民的聪明才智和富于创造的精神。

◆多功能天文台

水运仪象台是一座把浑仪、浑象和报时装置三组器件组合在一起的高台建筑,仪器由水力推动运转。这座集天文观测、天象表演和报时三种功能为一体的天文台代表了我国11世纪末天文仪器的最高水平。

▲ 浑象是测量天体球面坐标的一种仪器,也是古代用来演示天象的仪表。

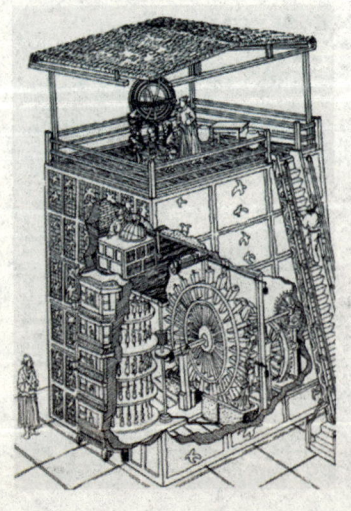

▲ 水运仪象台的图纸

◆能闭合的屋顶

整个水运仪象台高12米,宽7米,共分3层,相当于一幢四层楼的建筑物。最上层的板屋内放置着1台浑仪,屋的顶板可以自由开启,平时关闭屋顶,以防雨淋,这已经具有现代天文观测室的雏形了。

令孩子着迷的100个中国之最

◆"密室"里的浑象

水运仪中层是一间没有窗户的"密室",里面放置浑象。天球的一半隐没在"地平"之下,另一半露在"地平"的上面,靠机轮带动旋转,一昼夜转动一圈,真实地再现了星辰的起落等天象的变化。

▲ 整个机械轮系的运转依靠水的恒定流量,推动水轮做间歇运动,带动仪器转动,因而命名为"水运仪象台"。

◆精彩的木头人表演

水运仪下层又可分成五小层木阁,每小层木阁内均安排了若干个木人,5层共有162个木人,每到一定的时刻,就会有木人自行出来打钟、击鼓或敲打乐器、报告时刻、指示时辰等。

▲ 水运仪象台的每层木阁内都有相应的机轮或轮辐

知识小笔记

这座利用水力运转的仪器象台,是远远早于欧洲同类装置的一项重大发明。国际上认为"这很可能是后来欧洲中世纪天文钟的直接祖先"。

◆设置原理

五层木阁里的木人能够表演出这些精彩、准确的报时动作,是靠一套复杂的机械装置"昼夜轮机"带动的。而整个机械轮系的运转依靠水的恒定流量,推动水轮做运动,带动仪器转动。

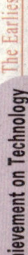

最早的纸币

货币的起源在我国至少已有 4 000 年的历史了。从原始的贝币、刀币、圜钱、蚁鼻钱以及秦始皇统一中国后流行的方孔钱等。而最早的纸币是从北宋初年在四川成都开始流行的,它也是世界上最早流行的纸币。

"交子"的前身

四川成都在北宋时期,是一个商业繁荣,商品交易发达的地区。那时候最初的交子由商人自由发行,于是成都出现了专为携带巨款的商人经营现钱保管业务的"交子铺户"。这时的"交子",只是一种存款和取款凭据,而非货币。

▲ 清明上河图(局部),图中画的是北宋汴京(今河南开封)的都市生活万象。《清明上河图》生动地记录了中国 12 世纪城市生活的面貌,这在中国乃至世界绘画史上都是独一无二的,也说明北宋时期全国各地商业都非常繁荣。

"官交子"

"官交子"的初始发明人是成都知府张咏,发行初期,其形制是仿照民间"私交",加盖本州州印,只是临时填写的金额文字不同,并规定了流通的范围。

"交子"的面额

"交子"的面额由一贯至十贯不等,发放时临时填写。后改为印发,有五贯、十贯两种,不久又改为一贯和五百文。每两年为一届,到期造新换旧,严禁民间私造。

▲ 北宋时期的交子

"钱引"的出现

宋徽宗大观元年,宋朝政府改"交子"为"钱引","钱引"的纸张、印刷、图画和印鉴都很精良。但"钱引"不置钞本,不许兑换,随意增发。

▲ 古代一种印版雕刻比较细致的纸币

知识小笔记

意大利旅行家马可·波罗在他的《马可·波罗游记》中,介绍了我国元朝在纸币的印制工艺和发行流通方面的情况,以此使欧洲人了解了纸币的发行方式和使用的方便。

宝贵的价值

"交子"的出现,给商业往来带来了便利,弥补了现钱的不足,是我国货币史上的一大业绩,在印刷史、版画史上也占有重要的地位,对研究我国古代纸币印刷技术有着重要意义。

第一位发现地磁偏角的人

我国北宋时期的伟大科学家沈括是世界上第一个发现指南针不正指南，而是略向东偏的人。

磁偏角

磁偏角是指地磁场的磁感线与水平面交成的角度，磁偏角可以用磁偏测量仪测出来。

▶磁偏角示意图。磁偏角是指地磁场的磁感线与水平面交成的角度。

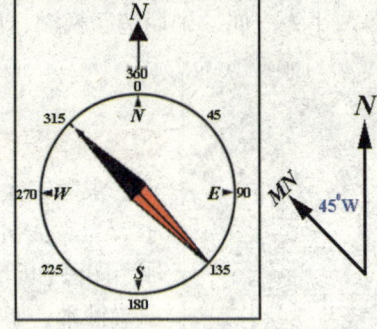

▶沈括是宋代杰出的科学家，于天文、方志律历、音乐、医药、卜算方面均有建树。

沈括的《梦溪笔谈》

他在著名的《梦溪笔谈》一书中写道："方家以磁石磨针锋，则能指南，然常微偏东，不全南也。"是我国和世界上关于地磁偏角的最早记载，说明当时已知道磁针所指的南北方向不是地理的正南正北方向，揭示出地磁偏角的存在。

令孩子着迷的 100 个中国之最

长时间的观察

沈括可能是在一个较长的时间里观察磁针指南,并在各个不同的地点上观察,所以得到的各个偏角值大小也就不一样,多数是偏东的。

会变化的"磁偏角"

人们从后来的地磁学发展知道,由于地磁极不断变动,所以地磁偏角随地点的变化而变化,即便在同一地点的地磁偏角大小也随着时间的推移而不断改变。

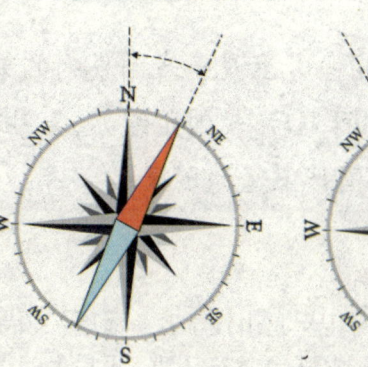
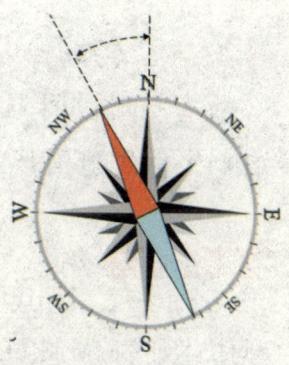

▲ 磁偏角是不断地有规律变化的

> **知识小笔记**
> 为了纪念沈括的功绩,人们将小行星 2027 命名为"沈括小行星"。

◀ 哥伦布是意大利航海家,经过他不断的探索,最终发现了新大陆,在发现新大陆的过程中他观测到了磁偏角。

欧洲人的发现

西方直到 400 年后的 1492 年,哥伦布横渡大西洋发现新大陆时,才观测到地磁偏角。

第一颗人造地球卫星

"东方红"一号卫星是我国发射的第一颗人造地球卫星。按当时时间先后,我国是继苏、美、法、日之后,世界上第五个用自制火箭发射国产卫星的国家。

基本配置

"东方红"一号卫星是由钱学森、潘厚仁领导的中国空间技术研究院研制。它重173千克,卫星上的仪器舱装有电源、测轨用的雷达应答机、雷达信标机、遥测装置、电子乐音发生器和发射机、科学试验仪器等。

▶钱学森对中国火箭导弹和航天事业的发展作出了重大贡献

主要任务

"东方红"一号卫星的主要任务是进行卫星技术试验、探测电离层和大气层密度。它测量了卫星工程参数和空间环境,并进行了轨道测控和《东方红》乐曲的播送。

▲1970年4月24日,中国"东方红"一号飞向太空。

发射过程

1970年4月24日,中国第一颗人造地球卫星在酒泉卫星发射中心成功发射,由"长征"一号运载火箭送入近地点441千米、远地点2 368千米的椭圆轨道,由此开创了中国航天史的新纪元。

◀ 酒泉卫星发射中心是中国创建最早、规模最大的综合型导弹、卫星发射中心,也是中国目前唯一的载人航天发射场。

短暂的电池寿命

卫星上采用银锌蓄电池作电源,可电池寿命有限,卫星运行28天后,电池耗尽,《东方红》乐曲停止播放,卫星结束了它的工作寿命。但是,卫星的轨道寿命没有结束,根据轨道计算,"东方红"卫星能在太空运行很多年。

知识小笔记

卫星是指在围绕行星轨道上运行的天然天体或人造天体。

伟大成就

在"东方红"一号卫星的研制过程中,我们依靠自己的力量,建立起了一个比较完善和健全的航天科学技术研究、设计、试验、制造及质量保障和管理体系。

▶ 中国的航天事业日趋发达

令孩子着迷的100个中国之最

令孩子着迷的 100 个中国之最

人文历史

中国有着五千年文明的悠久历史，在这漫长的历史长河中，为我们展示了一幅幅精彩的人文历史图。

最早的奴隶制王朝

夏朝是中国史书记载的第一个世袭王朝,是我国第一个奴隶制国家,其中心区域在今天的河南西部和山西南部一带。

世袭制

相传尧、舜、禹时,部落联盟内采用"禅让"的方式"选贤与能",推举联盟的共主。后来禹老时把"王"位传给了自己的儿子启,从此,禅让制被世袭制所取代。这标志着漫长的原始社会被私有制社会所替代。

> **知识小笔记**
>
> 夏王朝建立之后,为了进一步镇压人民群众的反抗斗争,制定了我国历史上第一部奴隶制法典《禹刑》。

▲帝舜像。尧去世后舜继位,舜亦不以帝位为私有,因其子商均不肖,乃传位与治水有功的禹。

▲帝尧像。尧为我国古史传说中之贤君,中国道统的发扬者,也是禅让政治的创立者。

家天下

中国历史上的家天下就是从夏朝的建立开始的,所谓家天下就是指天下的所有财产包括臣民在内,全部成为君主一家的财产。

完善的管理制度

根据古文献的记载,夏时期已具备了较完善的刑法制度,在政权形式及管理制度方面,具有专制、民主二重性,表明了国家制度由氏族民主政体向君主政体的转变。

专职征战的军队

夏以前,各部落、部落联盟之间的征战由部落内部的青壮年男子负担,夏建立后,中原形成了统一的部落共同体,并出现了国家机构,因此专职战斗队伍的建立是必不可少的。

在夏朝就已经有稻谷的栽种了

经济技术

在夏朝,农业文明到了很高的程度,考古发现在夏代已经有谷、稻、麦、瓜等多种农产品。夏实行"五十而贡"的税收制度,各部落都要按收入的一定比例向中央政府纳税。

《湘君湘夫人图》。人们为纪念娥皇、女英,在湘水旁建立庙宇,名为黄陵庙。传说她二人都做了湘水女神,娥皇是湘君,女英是湘夫人。

最后一个封建王朝

清朝是中国历史上最后一个君主专制王朝,也是中国历史上第二个由少数民族统治中国全境的中央政权。

清朝入关

1636年,清太宗皇太极称帝且改国号为清。1644年,顺治帝入关,并迁都北京,清朝从此取代明朝成为整个中国的实质统治者。

◀ 清太宗皇太极坐画像。皇太极一生勤于政事,勇于战阵,诸多军国大事,事必躬亲。堪称"上承太祖开国之绪业,下启清代一统之宏图"的创业之君。

知识小笔记

清代小说的盛行,是文学方面最有成就的一个部分。其中最著名的是蒲松龄的《聊斋志异》、吴敬梓的《儒林外史》和曹雪芹的《红楼梦》。

政治机构

清设内阁,作为中央最高行政机关,执行机关是吏、户、礼、兵、刑、工六部,后来军机处的设立是清代中枢机构的重大变革,也标志着清代君主集权发展到了顶点。

"康乾盛世"

所谓的"康乾盛世",指康熙二十年到嘉庆元年间,持续时间长达115年。这段时期的政治、经济、文化等诸多方面将中国传统社会推向了一个新的高峰,创造了中国历史的奇迹。

残酷的文字狱

文字狱指一个单字或一个句子一旦被认为诽谤元首或讽刺政府,即构成刑责。清朝文字狱的兴起旨在震慑反清势力,维护清政府封建统治,在文字狱浪潮中表现得最为疯狂的人则是乾隆,共发生130余案。

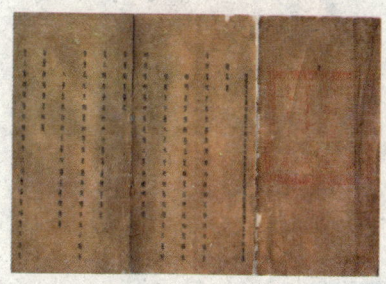

《官中康熙档奏折》,是提督李林盛给康熙皇帝的奏折。

康熙时期的充瓷陶器

近代的衰退

鸦片战争后,列强纷纷以武力迫使清朝开港通商,并签订一系列不平等条约。太平天国起事又严重打击了清朝国力,1911年辛亥革命爆发后,各省纷纷宣布独立。末代皇帝溥仪于1912年2月12日退位,清朝正式灭亡。

太平天国将士。将帅们发现洋枪洋炮的威力,求购西方武器,参与军事。

版图最大的王朝

元朝是中国历史上一个由少数民族建立的朝代,由蒙古族统治者忽必烈于1271年所建,国号大元,1272年定都大都(今北京市),1279年灭南宋,完成南北统一。

人分四等

蒙古征服中国全国后,将其政权下的人民划分为4个等级。蒙古族在各等人中名列第一等,是元朝的"国姓";第二等色目人主要指西域人;汉人为第三等;被元朝征服的原南宋境内各族称南人,为第四等。

▶忽必烈

元朝的政治管理

元朝在政治上加强了中央集权。在中央设中书省,总理全国行政事务,枢密院掌管军事,御史台负责监察。在地方上设立行中书省,行中书省各设丞相一人,掌管全省军政大事。行省下设路、府、州、县。

▶元世祖皇后察必像。察必是忠武王按嗔那颜的女儿,中统初年立为皇后,是一位节俭贤德的皇后。

辽阔的疆域

元朝是中国历史上疆域最广阔，国力最强盛的王朝之一。元朝统一全国后的疆域是：北到蒙古、西伯利亚，越过贝加尔湖，南到南海，西南包括今西藏、云南，西北至今新疆，东北至外兴安岭、鄂霍次克海，总面积超过1 200万平方千米。

元朝的疆域是中国历史上最大的

元朝的经济

元朝以农业为主，生产技术、垦田面积、粮食产量、水利兴修以及棉花的广泛种植等都超过了前代。因漕运、海运的畅通及纸币的流行，元朝是中国历史上第一个大规模以纸币作为流通货币的朝代，建立起世界上最早的完全的纸币流通制度。

元朝的铜火铳

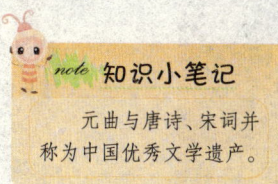
知识小笔记
元曲与唐诗、宋词并称为中国优秀文学遗产。

《元世祖出猎图》。画中描绘忽必烈和他的皇后（画中央），在周围皇家侍从的簇拥下外出打猎的情景。

科学文化

元朝的文学居于当时世界最先进的地位，数学引进了阿拉伯数字，元朝的戏曲与小说创作繁荣，涌现出关汉卿、王实甫、马致远等一批优秀的剧作家。

封建王朝的第一个皇帝

秦始皇是中国第一个封建王朝——秦王朝的始皇帝，后人称之为"千古一帝"。

秦朝的建立

秦始皇 22 岁正式登基，自公元前 230～前 221 年，先后灭韩、赵、魏、楚、燕、齐六国，完成了统一大业，建立起第一个以早期汉族为主体的强大的多民族统一封建大帝国——秦朝，定都咸阳。

知识小笔记

秦始皇陵建于公元前 246～前 208 年，是中国第一个规模宏大的帝王陵寝，目前尚未发掘。

◆ 秦始皇，姓嬴，名政，汉族，秦庄襄王之子，被称为"千古一帝"。他是皇帝尊号和皇帝制度创立者，使中国进入了多民族、中央集权帝制时代。

专制集权统治

为了有效地管理国家，秦始皇规定国家一切大事都由皇帝一人裁决，主要官吏由皇帝任免。在中央，皇帝以下设丞相、太尉、御史大夫。在地方，实行郡县制，把全国划分为36郡，郡下设县。

▶秦始皇泗水捞鼎。秦始皇统一六国后，命千人从泗水中打捞象征王权的周朝九鼎，以期保江山永存。

文化经济

为了巩固政治统一，经济文化的交流，秦始皇规定把小篆作为全国规范的文字，在全国统一使用圆形方孔钱和统一度量衡。

◀秦代量器，可见秦朝对统一度量衡的重视。

焚书坑儒

焚书坑儒是秦始皇于公元前213年和公元前212年焚毁书籍、坑杀术士的事件。秦始皇为了统一思想，采用极其粗暴野蛮的破坏文化的手段，来维护他至高无上的权威，也给我国古代文化造成了莫大的损失。

▲焚书坑儒

大兴土木

秦始皇在位期间大兴土木，不仅修筑了有名的长城、世界上最古老的运河之一灵渠等，还建造了大量华丽的宫殿以及规模宏大的秦始皇陵。这一个又一个的建筑工程，也给当时的百姓带来了深重的灾难。

最善于纳谏的皇帝

臣民规劝或批评君王,叫作"谏"。君王接受规劝或批评,叫作"纳谏"。我国历史上最善于纳谏的皇帝是唐太宗李世民。

唐太宗

唐太宗,名李世民,是唐高祖李渊的次子,中国历史上最出名的政治家与明君之一,也是著名的军事家、诗人。

知识小笔记

政治上实行三省六部制和科举制。三省六部制的实行,使宰相的人数比秦汉时期增多,便于皇帝控制。

▶唐太宗李世民是唐朝的第二位皇帝,伟大的军事家、卓越的政治家,著名的理论家、书法家和诗人。

善于纳谏

为了稳固他的统治,唐太宗告诫下属:"君有违失,臣须直言。"唐太宗从维护自己的统治利益出发,对臣下的意见能够认真听取,择善而从,甚至有时抑制住皇帝的虚骄心,不计较言辞的冒犯而纳谏。

贞观之治

在唐太宗统治时期，社会秩序比较安定，阶级矛盾相对缓和，经济繁荣，国力强盛。唐太宗的年号叫"贞观"，史上把这一时期比较清明的封建统治称为"贞观之治"。

《昭陵六骏图》。昭陵"六骏"是李世民乘骑的六匹战马，它们为他在唐王朝创建过程中立下了赫赫战功。

农业经济

唐太宗在位期间重视农业，减轻农民赋税劳役，戒奢从简，经济上实行均田制和租庸调制，使农民安定生产，耕作有时，促进了经济的发展。

→唐太宗李世民

《十八学士图》。李世民为秦王时，在宫城西开设文学馆。这幅《十八学士图》画面上只画其中四学士，正在对着画卷品头论足。

对外开放

唐太宗时期加强了国内汉族与少数民族的联系，加强了对西北等地区的管辖，另外还加强了与亚洲各国的友好往来。不仅接受大批的外国移民，还接收外国留学生来中国学习先进文化。

对促进民族大融合贡献最突出的皇帝

在我国历史上众多的封建皇帝中,有一个少数民族皇帝,对促进民族大融合的贡献最突出,它就是北魏的孝文帝拓跋宏。

善于改革的孝文帝

北魏孝文帝崇尚中国文化,他的汉化运动掀起了民族融合的高潮,提高了鲜卑人的文化水准,是西北方各民族陆续进入中原后民族融合的一次总结。

▶鲜卑人祖址嘎仙洞

鲜卑族

北魏的前身为北方少数游牧民族鲜卑族,该民族自东汉以来,经常与汉人接触,由于拓跋氏的掘起,统一了北方,建立了由少数民族为主人的北魏政权。

▶龙门石窟位于河南省洛阳市南13千米处,它同甘肃的敦煌石窟、山西大同的云冈石窟并称中国古代佛教石窟艺术的三大宝库。龙门石窟凿于北魏孝文帝迁都洛阳时期(公元494年),直至北宋,现存佛像10万余尊,窟龛2300多个。

迁都洛阳

北魏曾在398年定都平城（今山西大同），平城地处僻塞，不利于推行汉化政策。为了加强对中原地区的控制，接受汉族的先进文化，孝文帝把都城迁到当时中原地区政治、经济、文化的中心洛阳。

◆ 鹿角牛头金冠饰，是鲜卑族妇女戴的步摇冠。

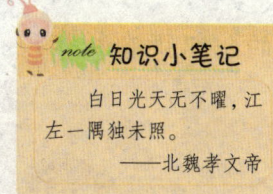

知识小笔记

白日光天无不曜，江左一隅独未照。
——北魏孝文帝

改革汉化

孝文帝把国都迁到洛阳以后，决心进一步改革旧的风俗习惯。规定禁止鲜卑贵族穿着胡服，一律改穿汉族衣服；禁止鲜卑贵族讲鲜卑语，一律改说汉语；官员及家属必须穿戴汉服；将鲜卑族姓氏改为汉族姓氏，把皇族由姓拓跋改为姓元。

◆ 彩绘人物故事漆屏。北魏时期的屏风，取材于西汉刘向《列女传》里的故事，画风意境与顾恺之极为相似。

经济改革

孝文帝推行均田制，又颁布了三长制和租调制，使农民分得了一定数量的土地，改善了农民的生产生活条件，促进了生产力的发展，还制定官吏俸禄制，整顿吏治，惩治贪污等措施。

最有作为的青少年皇帝

爱新觉罗·玄烨,清朝第四代皇帝。在青少年时代,对我国统一的多民族国家的发展和巩固作出了重大贡献,是具有超人的胆识谋略和非凡的治国治军才能的年轻皇帝。

◀ 康熙

智擒鳌拜

康熙即位时,由四位大臣辅政。其中鳌拜独揽大权,专断朝政,16岁的康熙在平日就训练了一群善于摔跤的少年。一天当鳌拜被召时,十几名少年一拥而上,转眼就把鳌拜捆翻在地,康熙历数了他的罪状,将他永远监禁,同时将其党羽一网打尽。

知识小笔记

康熙在位61年,是中国封建社会在位时间最长的皇帝。

削平三藩

三藩是指三个降清的明将：平西王吴三桂，镇云南；平南王尚可喜，镇广东；靖南王耿精忠，镇福建。三藩各拥重兵，独自为政，成为清朝中央政权的心腹大患。1681年，在康熙的英明指挥下，历时八年之久的三藩之乱终于被平息下去。

▶《康熙南巡图局部》。该图描绘了公元1689年南巡后，康熙帝回紫禁城，皇家宫廷正在等待皇帝回宫的盛大场面。

统一台湾

康熙二十二年，以施琅为福建水师提督，率军统一了台湾，设台湾府，隶属于福建。台湾府下设三县，派总兵官一员、率官兵八千，驻防台湾。从而加强了中央对台湾的管辖，促进了台湾经济文化的发展。

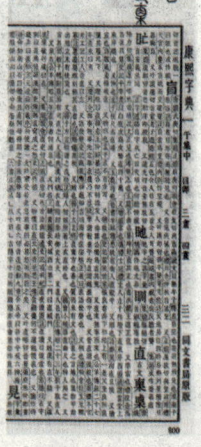

▶《康熙字典》的一部分。它是张玉书、陈廷敬等三十多位著名学者奉康熙圣旨编撰的一部具有深远影响的汉字辞书。

兴文重教

康熙重视文化教育，主持纂修了《康熙字典》《古今图书集成》《律历渊源》《全唐诗》《清文鉴》《皇舆全览图》等，总计60余种，2万余卷。

▲ 康熙的铠甲

中国的最后一个皇帝

溥仪是清代的最后一个皇帝,也是中国封建王朝最后一个皇帝。他生于1906年,是光绪皇帝之侄,醇亲王载沣之子。

三岁登基

1908年11月,光绪皇帝和慈禧太后在相隔一天的时间内先后死去。不满三岁的溥仪继承帝位,次年改年号为"宣统",由其父载沣摄政。

◆ 爱新觉罗·溥仪,清朝第十一个皇帝(清朝是从皇太极开始算起的,努尔哈赤的时候是后金),通称宣统皇帝,或末皇帝,也被尊为清逊帝。

◆ 武昌起义的纪念馆。辛亥武昌起义是黄花岗起义失败后,革命党人经过努力,在1911年(农历辛亥年)10月10日成功地发动的具有划时代意义的起义。起义的胜利,逐步使清朝走向灭亡。

清王朝的结束

1911年10月,武昌起义爆发,各省纷纷响应,革命巨浪席卷全国。1912年2月12日,清廷被迫宣布溥仪退位,统治中国二百六十多年的清王朝被推翻了,从此结束了长达两千多年的封建专制。

伪满洲国的傀儡

1931年"九·一八"事变后,溥仪在日本侵略者的秘密护持下去东北,次年当上伪满洲国的所谓执政,1934年3月又改称皇帝,成为日本帝国主义卵翼下的傀儡。1945年9月日本投降,溥仪被苏军逮捕,押至赤塔,后转入伯力监狱。

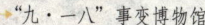
"九·一八"事变博物馆

正式退位

辛亥革命后,溥仪退位,但皇帝"尊号仍存不废",并暂居宫禁。1924年,发动北京政变的冯玉祥,废除溥仪的皇帝称号,并限令"即日移出宫禁"。

冯玉祥将军的故居。在其50余年的军事生涯中,以治军严、善练兵著称,人称"布衣将军"。

知识小笔记
1967年10月17日,溥仪病故于北京。

改造后的溥仪

新中国成立后,溥仪由前苏联政府移交中国,监禁于抚顺。1959年12月获得特赦释放。以后,溥仪在北京植物园和全国政协文史资料编辑委员会工作,曾任特邀全国政协委员,著有《我的前半生》。

唯一的女皇帝

在漫长的中国封建社会时期，有过数百位皇帝，但是正式加冕为皇帝的女性却只有一位，她就是唐朝第四位皇帝武则天。

一生概况

武则天一生嫁给了两个皇帝，本是唐太宗的才人，后来唐太宗去世，嫁给唐高宗李治当上了皇后。唐高宗去世，她又自立为武周皇帝，改"唐"为"周"，史称"武周"。

知识小笔记

武则天为了改革文化，创造了则天文字。部分则天文字还传到日本、韩国，甚至成为某些日本人的人名用字。

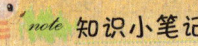 武则天执政期间对于农业生产非常重视，农业和手工业都得到较大的发展，人口不断增加。

经济发展迅速

武则天在位以后，打击了保守的门阀贵族，提出"劝农桑，薄赋役"，还加强对地主官吏的监察，对于土地兼并和逃亡的农民，也采取比较宽容的政策。因此，武则天统治时期，社会是相当安定的，农业、手工业和商业都有很大的发展。

重视文化发展

武则天重视科举，她用人不看门第，特别注意从科举出身者中间选拔高级官吏，刺激了一般人读书学习的热情。这一时期的雕塑、绘画也达到了前所未有的水平。

◂ 唐三彩

负面影响

武则天重用酷吏，放手招官，使官僚集团急剧增大，徭役苛重，增加了人民的负担。她提倡佛教，废弃学校，还大修庙宇，耗费了大量钱财和劳力。

◂《唐后行从图》，设色绢本，唐代张萱绘。此图是唐代女皇武则天官廷生活的真实写照。

▸ 武则天的无字碑

无字碑

乾陵是唐高宗李治和武则天的合葬陵，陵前并立着两块巨大的石碑，东侧的就是武则天的无字碑。自秦汉以来，帝王将相无不希望死后能树碑立传，可武则天的石碑上却没有刻一个字。

古代最杰出的思想家

孔子，字仲尼，春秋时期鲁国人，是我国古代最伟大的教育家和思想家，也是儒家学派的创始人。

儒家思想

孔子是儒家学派创始人，他提出"仁"，具有古典人道主义的性质；主张"礼"，维护周礼是孔子政治思想中的保守部分，儒家文化后来发展成为中国古代正统文化。

知识小笔记

孔庙、孔府、孔林并称"三孔"，1994年被联合国教科文组织列入世界文化遗产名录。

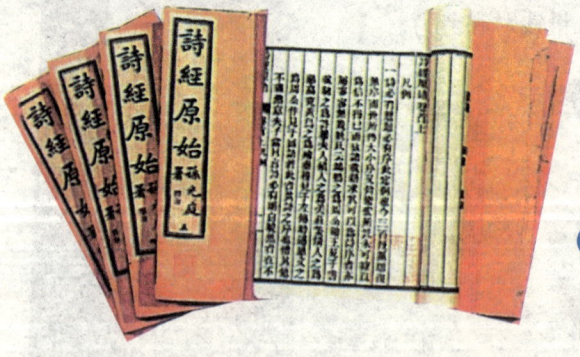

▲ 孔子一生有很多经典著作，《诗经》是我国第一部诗歌总集，先秦时代称为"诗"或"诗三百"。对于此书的编撰有不同说法。一说为孔子编纂。

伟大的教育学家

孔子一生中有一大半的时间，是从事传道、授业、解惑的教育工作。他创造了卓有成效的教育、教学方法，总结了一整套正确的学习原则，还提出了一系列有深远影响的教育思想，为后人树立了良好的师德典范。

特殊的教育活动

孔子曾带领弟子周游列国14年，在这些年里，孔子也没有停止过教育活动。相传他有弟子3 000，贤弟子72人，在孔子的弟子中，有不少人都干出了一番成就，比如闵子骞、冉伯牛、仲弓、子贡等。

孔子故里曲阜

孔子诞生在山东省西南部的曲阜市，中国历代帝王、文人和史学家对孔子非常崇敬，在他的家乡建起大型的孔庙，修建了孔子后代子孙居住的孔府和他的墓地孔林。

▲ 孔子像及清康熙皇帝为北京孔庙大成殿门题写的匾额"万世师表"

《论语》

《论语》是儒家的经典著作，由孔子的弟子及再传弟子编纂而成，它以语录体和对话文体为主，记录了孔子及其弟子的言行，集中体现了孔子的政治主张、伦理思想、道德观念及教育原则等。

◆ 孔子一生大部分时间都在从事教育，有很多的学生。相传孔子去世后，许多弟子都服丧3年，子贡结庐于墓旁守丧6年才离开。

第一位女历史学家

班 昭是一位博学多才、品德俱优的中国古代女性,也是我国第一位女历史学家。

勤奋好学

班昭自幼天资聪敏,勤奋好学,他的父亲班彪和班固、班超是兄妹,也是当时的大文豪,在他们的教导和影响下,她熟读儒家经典和各种典籍,成为一个博学广识的学者。

▶班昭,字惠班,又名姬,家学渊源,尤擅文采。

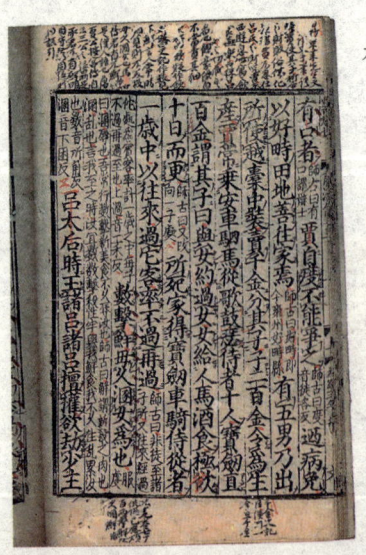

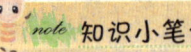

知识小笔记

班昭逝世后,皇太后亲自为多年的老师素服举哀,由使者监护丧事,死后也给予她应得的荣誉。

《汉书》的语言庄严工整,多用排偶、古字古词,遣辞造句典雅远奥,与《史记》平畅的口语化文字形成了鲜明的对照。

《汉书》的完成

班昭继承父兄之志,受汉和帝之命,毅然担起整理、续写《汉书》的重任。她补撰了八表,又在马续的协助下,写出《天文志》,最后终于全部完成了我国第一部断代史《汉书》的编撰工作。

讲解《汉书》

班昭为《汉书》的传播和普及起了重要作用。《汉书》多用古字，比较难读。班昭曾在皇家图书馆的东观藏书阁讲解《汉书》，当时奉诏跟随她学习的人很多，还包括后来成为东汉经学大师的马融。

◀ 班昭的学问十分精深，当时的大学者马融，为了请求班昭的指导，还跪在东观藏书阁外，聆听她的讲解呢！

文学家

班昭除了在史学上作出了不可磨灭的贡献外，她还是一位杰出的文学家，著有赋、颂、铭、谏、书、论等文章16篇，辑成《大家集》三卷，可惜大都失传，现只留下《东征赋》和《女诫》7篇。

◀ 东汉时期的壁画

"曹大家"

和帝非常赞赏班昭的学识，多次召她入宫，命皇后及妃嫔拜她为师，学习儒家经典。邓太后临朝执政时，班昭以师傅之尊，参议朝政。当时，人们把学识渊博、德高望重的妇女称为"大家"，班昭的丈夫姓曹，因而班昭被尊称为"曹大家"。

古代最伟大的航海壮举

郑和是我国历史上、乃至世界航海史上的伟大航海家。为了扩大与海外的交往和显示明朝的国威,明成祖决定派舰队出海,任命郑和为舰队的领导人。

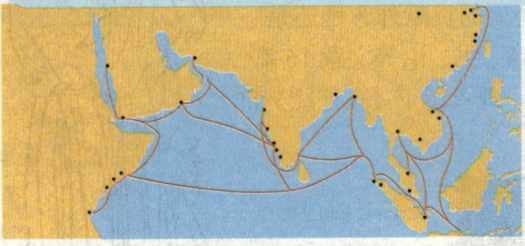

▲ 郑和航海时所到地方

辽阔的范围

郑和下西洋历时28年,曾到达过爪哇、苏门答腊、苏禄、彭亨、真腊、古里、暹罗等三十多个国家,最远航行到非洲东岸,并有可能到过澳大利亚。

知识小笔记

63岁的郑和在第七次下西洋的途中,积劳成疾,不幸辞世。因天气炎热,已不可能运回国内安葬,故将其埋葬在印尼爪哇岛。

▲ 郑和航海时的船只

规模庞大的船队

郑和下西洋的船队规模庞大,在当时世界上堪称一支实力雄厚的海上机动编队。队员主要有六个部分:指挥部分、航海部分、外交贸易部分、后勤保障部分、军事护航部分和指挥部分,也体现了古代中国人民丰富的航海经验。

数一数二的海船

据《明史》《郑和传》记载，郑和航海宝船共 63 艘，最大的 151.18 米，宽 61.6 米。船有 4 层，船上 9 桅可挂 12 张帆，锚重有几千斤，要动用 200 人才能启航，一艘船可容纳千人，是当时世界上最大的海船。

> 郑和下西洋的宝船，为船队最高领导成员及外国使节乘坐，并载有赏赐给各国的贵重礼品和各国进贡的珍宝。

先进的航海技术

根据《郑和航海图》，郑和使用海道针经，结合过洋牵星术，这在当时是最先进的航海导航技术。郑和的船队，白天用指南针导航，夜间则用观看星斗和水罗盘定向的方法保持航向。

郑和航海时使用的指南针

重大意义

郑和航行每到一地，都赠给各国国王厚礼，以示友好。船队以带去丝绸、瓷器、铜铁器、金银和其他手工业品交换当地特产。友好的交往，扩大了贸易，是我国外交史上一次重大的收获。

郑和是我国历史上杰出的航海家

骚体文学的开创者

屈 原名平,字原,又字灵均。战国末期楚国人,是中国伟大的爱国主义诗人,也是我国已知最早的思想家和伟大的政治家,他创立了"楚辞"这种文体。

政治生涯

屈原早年受楚怀王信任,任左徒、三闾大夫,常与怀王商议国事,参与法律的制定,主张章明法度,举贤任能,改革政治,联齐抗秦,同时主持外交事务。

▶ 屈原是一位具有远见卓识的政治家,也是中国文学史上著名的诗人。

投江自尽

由于屈原自身性格耿直,加之他人谗言与排挤,逐渐被楚怀王疏远,最后被楚怀王逐出郢都,流落到汉北。前278年,秦国大将白起挥兵南下,攻破了郢都,屈原在绝望和悲愤之下,怀抱大石投汨罗江而死。

▶ 屈原忧国忧民,最后投汨罗江,以身殉国。

爱国诗人

屈原是中国历史上第一个伟大的爱国诗人,中国浪漫主义文学的奠基人。他一生留下《离骚》《九章》《天问》《九歌》等许多不朽的诗篇,后人将其作品辑为《楚辞》,千古流传,成为中国文学史上的璀璨明珠。

《楚辞》中《九歌图》局部。"楚辞"是屈原创造的一种诗体。汉代时,刘向把屈原的作品及宋玉等人"承袭屈赋"的作品编辑成集,名为《楚辞》。并成为继《诗经》以后,对我国文学具有深远影响的一部诗歌总集。

端午习俗

屈原于五月初五自投汨罗江,据说之后人们常放食品到水中致祭屈原,但多为蛟龙所食,后因屈原的提示才用楝树叶包饭,做成后来的粽子。为了寄托对屈原的哀思,人们荡舟江河之上,此后才逐渐发展成为龙舟竞赛。

人们为了纪念屈原,每年端午节都要举行龙舟竞赛。

《离骚》

《离骚》是屈原最宏伟的诗篇,是他自叙平生的长篇抒情诗,全诗共373句,诗中尖锐地抨击了昏庸王室的黑暗和腐败,表达了对祖国对人民的无限忠贞,同时也表现了自己政治理想不能实现的忧愁苦闷。

知识小笔记

1953年,屈原被列为世界"四大文化名人"之一,受到世界和平理事会和全世界人民的隆重纪念。

科举制度之始

科举制度在中国实行了整整1300年,对中国以至东亚、世界都产生了深远的影响。中国古代科举制度最早起源于隋代。

隋朝的地方官制

隋朝地方上分为州、郡、县三级,后废除郡的行政设置,以州直接统县。隋朝州的长官每年年底都要进京述职,称为朝集使。朝廷则会经常派司隶台官员或别使巡省地方。

> **知识小笔记**
> 从宋代开始,科举开始实行糊名和誊录,并建立防止徇私的新制度。

增设进士科

隋朝初年,原有的九品中正制存在严重弊端,隋炀帝时增设进士科,标志着科举制正式创立。考核参选者对时事的看法,按考试成绩选拔人才。从此,门第不高的读书人,可以凭才学做官,选拔官吏的权力,也从地方集中到朝廷。

◀ 隋炀帝政绩和暴政都很突出,有人拿商纣王、秦始皇等与他相比,并称暴君。

刘焯的《皇极历》

隋文帝开皇年间，刘焯与著作郎王劭一起修定国史，并参议律历。刘焯精通天文学，公元600年，他创的《皇极历》，首次考虑到太阳视运动的不均性，创立"等间距一次内插法公式"来计算日、月、五行的运行速度，该书提供的天文历法在当时也是最先进的。

赵州桥

赵州桥又名安济桥，位于河北赵县洨河上，建于隋大业年间，是当时著名匠师李春建造，比欧洲要早700多年。赵州桥也是世界上现存最早、保存最好的巨大石拱桥，距今已有1 400多年历史，被誉为"华北四宝之一"。

赵州桥是当今世界上跨径最大的单孔敞肩型石拱桥

隋朝大运河

隋朝大运河始建于公元605年，北起涿郡，南到余杭，全长两千多千米，分为永济渠、通济渠、山阳渎（邗沟）、江南河四段，并连接黄河、长江、海河、淮河、钱塘江，是世界上最雄伟的工程之一。

隋朝大运河的开通使江南经济有了显著发展

最早出使西域的人

张骞,字子文,汉中郡成固(今陕西省城固县)人,中国汉代卓越的探险家、旅行家与外交家,是最早出使西域的人,对丝绸之路的开拓有重大的贡献。

▲ 张骞对开辟从中国通往西域的丝绸之路有卓越贡献,至今为世人称道。

出使西域的原因

汉武帝时期国家强盛,但仍然受到北方强大的匈奴的威胁。为了摆脱匈奴的威胁,汉武帝想派使者去联络西域各国,于是下令选拔人才,出使西域,最后决定派张骞出使西域。

第一次出使西域

公元前139年,张骞率100多名志愿人员,出使西域的大月氏国,但他们中途遭匈奴俘虏,张骞忍辱负重十几年,最终逃脱并继续西行,成功完成使命。张骞开拓的这一条路线,也就是今日的丝绸之路中线,主要在天山南麓。

▲ 甘肃敦煌莫高窟壁画,张骞出使西域大夏国。

第二次出使西域

公元前119年，汉武帝命张骞为中郎将，再度出使西域，随行人员约300人，张骞平安抵达伊犁盆地的乌孙国，受到乌孙王昆莫的欢迎。前115年，张骞启程回国，并带着数十位来汉朝探路的乌孙国使者以及大量当地特产。

知识小笔记

张骞从西域诸国引进了汗血马、葡萄、苜蓿、石榴、胡桃、胡麻等。

◀ 甘肃敦煌莫高窟壁画。该图描绘了汉武帝遣张骞出使西域大夏国的情景。

丝绸之路

在偏于封闭自保的传统社会，张骞的出使，在民族交流史上开辟了新纪元，被誉为"凿空"的行动。西域诸国从此呈现在中原人的视野中，东西方的商人们纷纷沿着张骞探出的道路往来贸易，成就了著名的"丝绸之路"。

◀ 张骞纪念馆

张骞纪念馆

张骞纪念馆位于陕西城固县城以西3千米处的博望镇饶家营村，张骞墓就位于张骞纪念馆中。张骞纪念馆是省级文物保护单位，里面出土了大量汉代器物，并悬挂有"张骞出使西域图"和"凿空图"。

令孩子着迷的100个中国之最

令孩子着迷的 100 个中国之最

珍稀动植物

我国幅员辽阔,地形复杂,气候多样,有着丰富的野生动植物资源。熊猫、扬子鳄、朱鹮、银杏、水杉等都是我国特有的动植物。

最大的猫科动物

东北虎体魄雄健，行动敏捷，肩高1米以上，身长2.8米左右，尾长约1米，体重可达350多千克，有"丛林之王"的称号。

"王"者之威

东北虎毛色鲜明，黄黑相间，爪子锋利无比，尾巴又粗又肥。最特别的就是它的头，又圆又大，前额上的数条黑色横纹，就像"王"字一样，显得威风凛凛。

知识小笔记

目前东北虎仅分布于俄罗斯远东地区、中国东北东部山区和朝鲜北部山区。

◆ 东北虎感官敏锐，性凶猛，行动迅捷，善游泳。捕食大中型哺乳动物，偶食小型哺乳动物和鸟。

特殊的"夜生活"

东北虎一般住在600～1300米的高山针叶林地带或草丛中，它白天常在树林里睡大觉，喜欢在傍晚或黎明前外出觅食，活动范围可达60平方千米以上。

锋利的"餐刀"

东北虎的虎爪和犬齿利如钢刀,锋利无比,长度分别为 6 厘米和 10 厘米,是撕碎猎物时不可缺少的"餐刀",也是它赖以生存的有力武器。

捕捉高手

东北虎捕捉猎物时常常采取打埋伏的办法,悄悄地潜伏在灌木丛中,一旦目标接近,便"嗖"地窜出,扑倒猎物,用尖爪抓住对方或用利齿咬断对方喉咙,然后慢慢地品尝猎物。

▶东北虎牙齿十分锋利

"森林的保护者"

其实,在正常情况下,东北虎一般不轻易伤害人畜,而是捕捉破坏森林的野猪、狍子,而且还是恶狼的死对头。为了争夺食物,东北虎会把狼赶出自己的活动地带。

唯一的类人猿

长臂猿是我国仅有的现生类人猿，是仅次于人类的高级灵长类动物。长臂猿的前臂特别长，身高不足一米，双臂展开却有1.5米，站立时手可触地，故而得名。

"杂技演员"

长臂猿生活在高大的树林中，采用"臂行法"行动，像荡秋千一样从一棵树到另一棵树，一次可跨越3米左右，加上树枝的反弹力可以达8～9米，而且速度惊人。但是它们在地面上却显得十分笨拙。

note 知识小笔记

白手长臂猿是分布最广的一种长臂猿，它们以家庭方式聚居，是一种非常喜欢喧哗吵闹的动物。

长臂猿两条灵活的长臂和钩形的长手，使它们穿林越树如履平地。

名副其实的"歌唱家"

长臂猿的喉部长有音囊，喊叫的时候，声音极其嘹亮。它特别喜欢鸣叫，形式有雄兽的"独唱"、雄兽和雌兽的"二重唱"和雄兽及其家庭成员的"大合唱"等。音调由低到高，清晰而高亢，震动山谷，几千米之外都能听到。

▲ 长臂猿是一种非常喜欢喧哗吵闹的动物

▲ 长臂猿行走的姿势很接近人类

"感情至深"的长臂猿

长臂猿又是最重感情的动物，当猿群中有受伤、生病或死亡者时，在相当长的时间里，它们不再歌唱和嬉闹，是动物中"感情最丰富"的动物。

▲ 长臂猿是仅次于人类的高级灵长类动物

特殊的"亲戚"

长臂猿和人类有着亲缘的关系，它的形态构造、生理机能和生活习性比较接近人类，比如它们有32颗牙齿，脑和神经系统都很发达；血型也有Ａ型、Ｂ型和ＡＢ型，只是缺少Ｏ型；身体构造上也和人类极为相似。

濒临灭绝

长臂猿是我国现存唯一的猿类，共有4～5种生活在我国境内，每一种的数量都不过几十至数百只，濒于灭绝。

最珍贵的猴子

金丝猴为中国特有的珍贵动物,群栖高山密林中。中国金丝猴分川金丝猴、黔金丝猴和滇金丝猴三种,均已被列为国家一级保护动物。

漂亮的外表

金丝猴体长约70厘米,尾巴的长度约与体长相等或长些。它有一对上仰的鼻孔,背部的毛长而发亮,毛质十分柔软。

▲黔金丝猴

特殊的鼻子

金丝猴的鼻孔很大,因极度退化,使鼻孔仰面朝天,即俗称"没鼻梁子",所以又有"仰鼻猴"的别称。

▲珍贵的金丝猴

▲ 金丝猴群栖高山密林中

生活环境

金丝猴是典型的森林树栖动物，常年栖息于海拔 1 500 ~ 3 300 米的森林中。它们喜欢群栖生活，每个大的集群是按家族性的小集群为活动单位，最大的群体可达 600 余只。

知识小笔记

越南金丝猴是唯一一种在中国以外地区分布的金丝猴。

爱吃的食物

金丝猴主要在树上生活，但也在地面找东西吃。以野果、嫩芽、竹笋、苔藓植物为食。主食有树叶、嫩树枝、花、果，也吃树皮和树根，还爱吃昆虫、鸟和鸟蛋。

母爱的疼爱

母爱在灵长类中显得非常突出。母金丝猴非常疼爱自己的孩子，尤其在哺乳期，母猴总是把小猴紧紧地抱在胸前，或是抓住小猴的尾巴，丝毫不给它玩耍的自由，并且把背朝着自己的丈夫，不给丈夫抚爱子女的机会。

▲ 金丝猴对其子女备加呵护和疼爱

珍贵的国宝

性情温顺、姿容可掬、行动逗人喜爱的大熊猫是人们最喜爱的野生动物之一，分布于中国四川西部、陕西秦岭南坡以及甘肃文县等地，是中国特有种。

可爱的外形

大熊猫体型肥硕似熊，憨态可掬，但头圆尾短，体肥胖，形状像熊但要略小一些，尾巴短，眼睛周围、耳朵、前后肢和肩部是黑色，其余都是白色。毛密而有光泽，喜欢吃竹叶、竹笋。

▸ 大熊猫是一种有着独特黑白相间毛色的活泼动物

知识小笔记

1963年，世界上第一只人工饲养的大熊猫繁殖成功。

生活场所

大熊猫栖息于长江上游各山系的高山深谷，气候温凉潮湿，它们居住于海拔2 400～3 500米的高山竹林中，活动的区域多在坳沟、山腹洼地、河谷阶地等。喜欢爬树、游泳。

🐼 胆小的大熊猫

大熊猫性情温顺，也很胆小，一般不主动攻击人或其他动物。当大熊猫听到异常响声时，常常立即逃避。由于大熊猫长期生活在密密的竹林里，光线很暗，障碍物又多，致使其视力也不太好。

▶ 温顺胆小的大熊猫

🐼 大饭量

大熊猫的食谱非常特殊，几乎包括了在高山地区可以找到的各种竹子，大熊猫也偶尔食肉。在野外，除了睡眠或短距离活动，大熊猫每天取食的时间长达14个小时，每天要吃12～38千克食物。

▲ 大熊猫喜欢吃竹子最有营养、含纤维素最少的部分，即嫩茎、嫩芽和竹笋。

▲ 大熊猫生殖率低，种群增长缓慢。

🐼 成活率低

大熊猫平时孤居，它们一生中产仔数量少，且幼仔不易成活。大熊猫产仔多数为单胎，即使产下双胎也往往只能抚养其中一只。大熊猫幼仔非常脆弱，很易因缺乏营养、患病、气候恶劣或遭遇天敌而夭折。

最稀少的珍禽

洁白的羽毛,艳红的头冠和黑色的长嘴,加上细长的双脚,这就是有着鸟中"东方宝石"之称的朱鹮,它被世界鸟类协会列为"国际保护鸟"。

生活习性

朱鹮在野生环境中非常喜欢湿地、沼泽和水田。它们在水田中觅食,喜欢栖息于海拔1.2～1.4千米的疏林地带的高大的树上,以小鱼、蟹等水生动物为食,兼食昆虫。

> **知识小笔记**
>
> 作为世界最濒危的珍稀鸟类之一,经过20多年的保护,朱鹮在中国种群数量已达到一千多只。

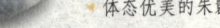
▸ 体态优美的朱鹮

沉静的朱鹮

朱鹮性情孤僻,胆怯怕人,平时成对或小群活动。晚上在大树上过夜,白天则到没有施用过化肥农药的稻田或清洁的溪流等环境中去觅食。

🐻 快速觅食

朱鹮捕食的速度很快,在浅水或泥地上觅食的时候,常常将长而弯曲的嘴不断插入泥土和水中去探索,一旦发现食物,立即啄而食之。

▶朱鹮非常喜欢湿地、沼泽和水田。图为它们在水田中觅食。

▲朱鹮体态秀美典雅,行动端庄大方,十分美丽动人。

🐻 潇洒的风姿

休息时,把长嘴插入背上的羽毛中,任凭头上的羽冠在微风中飘动,非常潇洒动人。飞行时头向前伸,脚向后伸,鼓翼缓慢而有力。在地上行走时,步履轻盈、迟缓,显得闲雅而矜持。

🐻 数量稀少

朱鹮过去在中国东部、日本、俄罗斯、朝鲜等地曾有较广泛的分布,由于环境恶化等因素导致种群数量急剧下降,至20世纪70年代野外已无踪影。1981年5月在陕西省洋县重新发现的朱鹮种群,是世界上仅存的种群。

▶朱鹮是稀世珍禽,性格温顺,我国民间都把它看作是吉祥的象征,称之为"吉祥之鸟"。

令孩子着迷的100个中国之最

唯一的鳄种

No.093

扬子鳄是中国特有的一种鳄鱼，也是世界上体型最细小的鳄鱼品种之一。主要分布在长江中下游地区。我国已经把扬子鳄列为国家一类保护动物，严禁捕杀。

🐸 生活习性

扬子鳄生活在淡水里，喜欢栖息在湖泊、沼泽的滩地或丘陵山涧长满乱草蓬蒿的潮湿地带。全身皮肤革制化，覆盖着革制甲片，既可在水中也可在陆地生活。性情凶猛，以各种兽类、鸟类、爬行类、两栖类和甲壳类为食。

📝 知识小笔记

为了使这种珍贵动物的种族能够延续下去，我国在安徽、浙江等地建立了扬子鳄自然保护区和人工养殖场。

◀ 扬子鳄喜欢生活在潮湿的沼泽地

▲ 扬子鳄

🐾 打洞高手

扬子鳄具有高超的挖洞打穴的本领，头、尾和锐利的趾爪都是它打洞打穴的工具。它的洞穴常有几个洞口，有的在岸边滩地芦苇、竹林丛生之处，有的在池沼底部，地面上有出入口、通气口，而且还有适应各种水位高度的侧洞口。

🐾 迟钝的假象

扬子鳄白天出来活动，喜欢在洞穴附近的岸边、沙滩上晒太阳。它常紧闭双眼，爬伏不动，处于半睡眠状态，给人们以行动迟钝的假象，可是，当它一旦遇到敌害或发现食物时，就会立即用力甩动尾巴，迅速沉入水底逃避敌害或追逐食物。

▲ 扬子鳄总是显露出迟钝的假象

▲ 扬子鳄的牙齿不能撕咬和咀嚼食物，只能像钳子一样把食物"夹住"，然后囫囵吞咽下去。

🐾 特殊的捕食方法

扬子鳄虽长有看似尖锐锋利的牙齿，可却是槽生齿，所以当扬子鳄捕到较大的动物时，不能把它们咬死，而是把它们拖入水中淹死，或用大嘴"夹"着食物在石头或树干上猛烈摔打，直到把它摔软或摔碎后再张口吞下。

最稀有的水生动物

白鳍豚是鲸类家族中小个体成员，是世界上现有 5 种淡水豚中存活头数最少的一种。由于数量奇少，白鳍豚不仅被列为中国一级保护动物，也是世界 12 种最濒危动物之一。

优雅的外形

白鳍豚的身体呈纺锤形，全身皮肤裸露，光滑如缎，背部为青灰色，腹部则为灰白色，尽显优雅气质。它眼小如瞎子，耳孔似针眼，位于双眼后下方。

知识小笔记
1996 年 12 月 25 日，武汉白鳍豚保护基金会正式成立。

特殊的超声波

白鳍豚的头脑发达，声呐系统极为灵敏，头部还有一种超声波功能，能将江上几万米范围内的声响迅速传入脑中。一旦遇上紧急情况，立刻潜水躲避。

白暨豚为我国特有的珍稀水生兽类

🐻 天然的隐形屏蔽

白暨豚一般背面呈浅青灰色，腹面呈洁白色，在阳光的照耀下尤其光亮，这样的颜色分布恰好与环境颜色相符。这使得白鳍豚在逃避敌害、接近猎物时，有了天然的隐蔽屏障。

▸皮肤细腻光滑的白鳍豚

↑白鳍豚往往成对或三五成群一起活动，但人们很少有机会看到它，只有在它露出水面呼吸时才能瞥见。

🐻 生活习性

白鳍豚喜欢群居，尤其在春天交配季节，集群行为就更明显。每群一般为2～16头。其活动范围很广，它们喜欢生活在江河的深水区，很少靠近岸边和船只，但它时常游弋至浅水区，追逐鱼虾充饥。

🐻 白鳍豚的祖先

白鳍豚的祖先原是生活在陆地上的哺乳动物，约在七千多万年前，由于地球气候环境的剧烈变化，冰川期的出现，陆地上的动物找食非常困难，它们便从陆地移居到水中。

▸由于人们的捕杀及环境污染等原因，白鳍豚已经濒临灭绝。

最原始的鱼类

中华鲟是一种大型的溯河洄游性鱼类,是我国特有的古老珍稀鱼类,世界现存鱼类中最原始的种类之一。

"水中活化石"

中华鲟是一种在长江中孕育,大海里成长的神奇鱼类,它在地球上生存了近一亿四千万年,是现存最古老的脊椎动物之一,堪称"水中活化石"。

知识小笔记

中华鲟已被世界自然保护联盟(IUCN)列为濒危物种。

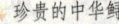
珍贵的中华鲟

"鲟鱼之王"

中华鲟全身无刺，只靠少量硬骨和背部、体侧和腹部的骨板及软骨脊椎支撑起庞大的身躯。中华鲟形态威猛，个体硕大，成鲟可达 4 米多长，体重近 500 千克，被誉为"鲟鱼之王"，素有"长江鱼王"美称。

名字的由来

每年夏秋，成群结队的中华鲟回到自己的"故乡"金沙江一带产卵繁殖。产后，待幼鱼长大到 15 厘米左右，这些"游子"又携带儿女们，顺流而下，旅居海外。它们就这样世世代代在长江上游出生，在大海里生长，养成了"身居海外不忘故乡"的习惯，故此得名。

因中华鲟特别名贵，外国人也希望将它移居自己的江河内繁衍后代，但中华鲟总是恋着自己的故乡，即使有些被移居海外，也要千里寻根，洄游到故乡的江河里生儿育女。

使用价值

中华鲟肉味鲜美，自古以来就被视为水中珍品，鱼籽酱更是世界三大珍味之一，被誉为黑色黄金，在它的骨髓里还发现有抗癌因子。

航运业对其的威胁和渔业捕捞的严重过度，导致中华鲟数量锐减。

中华鲟是长江中的瑰宝

中华鲟的保护

近年来，由于水域的污染和人为的过度捕捞，造成中华鲟数量锐减。为保护好中华鲟的繁衍，国家和相关地方均已采取建立保护区、人工繁殖等多种保护措施。

最大的两栖动物

大鲵俗称娃娃鱼,是国家二类保护水生野生动物,是农业产业化和特色农业重点开发品种,是野生动物基因保护品种。

娃娃鱼的来历

大鲵为我国特有物种,因其叫声似婴儿啼哭,故俗称"娃娃鱼"。大鲵虽然看上去像鱼,其实是两栖动物,它喜食鱼、蟹、虾、蛙和蛇等水生动物,栖息于山区的溪流之中,在水质清澈、含沙量不大并且要有回流水的洞穴中生活。

知识小笔记

大鲵是一种传统的名贵药用动物。

▶ 大鲵常生长在水质新爽快活,无污染的深山溪流之中。

外形特点

在两栖动物中要数大鲵的体型最大,全长可达1~1.5米,体重最重的可达50千克。它的外形有点类似蜥蜴,只是相比之下更肥壮扁平,大鲵的身体背面为黑色和棕红色相杂,腹面颜色浅淡。

🐾 不能咀嚼的牙齿

大鲵不善于追捕，只是隐蔽在滩口的乱石间，发现猎物经过时，进行突然袭击。因它口中的牙齿又尖又密，猎物进入口内后很难逃掉。但娃娃鱼的牙齿不能咀嚼，只是张口将食物囫囵吞下，然后在胃中慢慢消化。

🐾 不规则的饮食习惯

大鲵有很强的耐饥本领，甚至两三年不吃也不会饿死。它同时也能暴食，饱餐一顿可增加体重的1/5。食物缺乏时，还会出现同类相残的现象，甚至以卵充饥。

由于大鲵肉嫩味鲜，所以长期遭到人们大量捕杀。

中国大鲵是二类保护动物，其经济价值高，在美食、保健、医药、观赏等方面均具有广泛开发利用的前景，因而颇受社会各界关注。

🐾 濒危状态

大鲵这一珍贵野生资源，主要因为人的因素，尤其是生存环境丧失、栖息地破坏等对其生存造成了严重威胁，导致大鲵种群急剧下降，分布区成倍缩小，处于濒危状态。我国已经建立多个保护基地，对它进行人工繁殖。

No.097

现存最大的鹿种

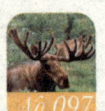

驼鹿是我国现存最大的鹿种，有的地区叫堪达罕或犴，产于内蒙古、黑龙江及新疆。我国是其分布南缘，数量稀少，有重要研究价值。属于国家二级保护动物。

四不像的外形

驼鹿是世界上体型最大的鹿，高大的身躯很像骆驼，四条长腿也与骆驼相似，肩部特别高耸，又像骆驼背部的驼峰，因此得名。另外从前还有人认为它的唇似马，身体和四肢像鹿，蹄似牛，所以也称之为“麋鹿”或“四不像”。

note 知识小笔记

有的地区把驼鹿叫堪达罕或犴。

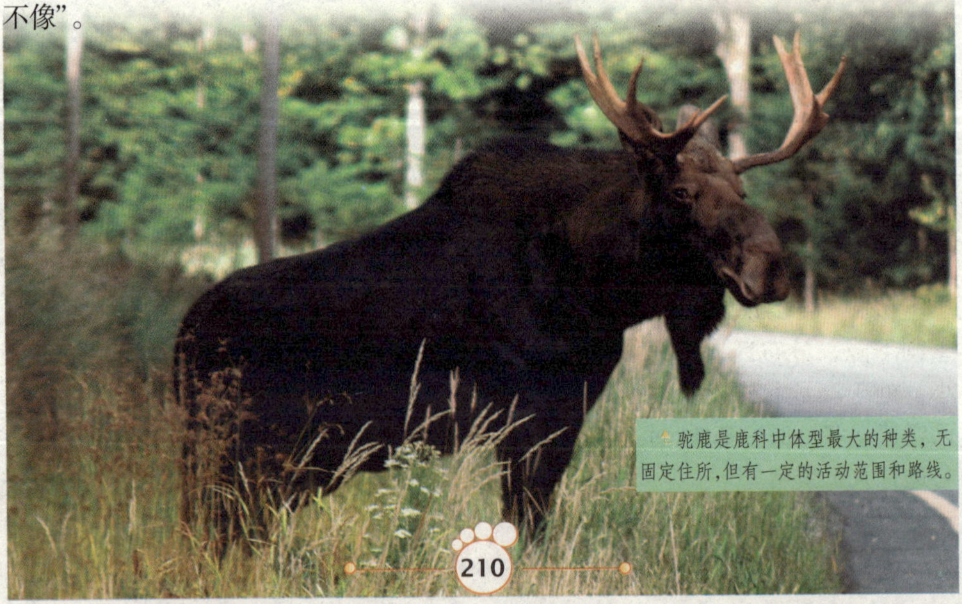

驼鹿是鹿科中体型最大的种类，无固定住所，但有一定的活动范围和路线。

生活习性

驼鹿为典型的亚寒带针叶林动物，主要栖息于原始针叶林和针阔混交林中，从不远离森林。单独或小群生活，以水边的青草及多汁的树叶为食，喜欢到盐碱地舔食碱土。

游泳健将

驼鹿通常在夜晚或黄昏觅食，虽然它的身躯巨大，但却可以在池塘、湖沼中跋涉、游泳、潜水、觅食，行动轻快敏捷，可以一次游泳20多千米，并且能潜入5.5米深的水下去觅食水生植物，然后再浮出水面进行呼吸和咀嚼。

驼鹿活动能力很强，可以在水中游泳捕食。

显示年龄的角

驼鹿角的叉数与年龄相关，初生的角为单枝，第三年分出2个叉，并在基部出现角盘。第四年分出3叉，第五年分出4～5叉，第六年以后则不再呈现规律。

驼鹿的角叉数多少可以显示它的年龄大小

濒临灭绝

由于过度猎捕和栖息环境的恶化，近几十年来，我国驼鹿的分布区大为缩小，许多曾经有驼鹿分布的市、县和林场内的种群都已经绝迹，其他尚存的自然种群的数量也显著减少。

由于过度捕猎及环境不断恶化，驼鹿数量也逐年减少。

最珍贵的树

在我国，有两种树被人们誉为"罕见的活化石"和"植物中的大熊猫"，那就是唯有我国四川、湖北、湖南、广西等地才有的水杉和银杏。

水杉喜光，喜湿润，生长得很快。

"活化石"水杉

在中生代白垩纪，地球上已出现水杉类植物。约发展在250万年前的冰期以后，这类植物几乎全部绝迹，仅存水杉一种。1948年，中国的植物学家发现了幸存的水杉巨树，树龄约400余年。

> **知识小笔记**
> 1948年，中国的植物学家发现了幸存的水杉巨树，树龄约400余年。

使用价值

水杉播种插条均能繁殖，是园林绿化的理想树种。其木质轻软，可供建筑、制器具及造模型用。它对于古植物、古气候、古地理和地质学以及裸子植物系统发育的研究均有重要的意义。

"植物界的熊猫"银杏

银杏最早出现于 3.45 亿年前的石炭纪。曾广泛分布于北半球，白垩纪晚期开始衰退。至 50 万年前，地球突然变冷，在欧洲、北美和亚洲绝大部分地区灭绝，只有中国自然条件优越，才奇迹般地保存下来，所以被科学家称为"植物界的熊猫"。

"无公害"的银杏

银杏树高大挺拔，春夏翠绿，深秋金黄，叶似扇形。它寿命很长，树干光洁没有病虫害，也不污染环境，是著名的无公害树种。

> 银杏在宋代被列为皇家贡品。日本人有每日食用银杏的习惯。就食用方式来看，银杏主要有炒食、烤食、煮食、配菜、糕点、蜜饯、罐头、饮料和酒类。但食用的用量和食法不当，会引起中毒。

↑ 深秋时节的银杏树呈金黄色，是一道独特的风景。

巨大的经济价值

银杏是中国特有而丰富的经济植物资源。木材可以供建筑、家具、雕刻等工艺品用。种仁供食用，多食中毒，中医学上以种子和叶可以入药，性平、味苦涩，有小毒。

最重的木

铁力木又称铁梨木、铁栗木,是我国木质最坚硬、最重的一种树,是云南特有的珍贵阔叶树种,属国家二级保护植物。

▶ 铁力木粗大的树干

外形特点

铁力木为常绿乔木,树干通直,高可达 30 多米。它的树皮光滑而薄,呈灰褐色或暗灰色,幼枝及嫩叶鲜红色。白色的花具有浓烈香味。果实为核果,扁圆形,种皮棕褐色。

note 知识小笔记

铁力木可细分为两种:粗丝铁力木与细丝铁力木,都是家具主要用材。

分布

铁力木喜欢生长在酸性或弱酸性的砖红壤并且排水良好的平缓低山丘陵地区。常见于海拔 600~1200 米的湿润热带密林中或村寨近水边的湿润地方。

🐻 生长缓慢

铁力木一般生长缓慢，7~8年才开花结果，生长具有明显的节律性，一年有3次生长高峰期，10月下旬至次年1月为生长的最高峰期。

🐻 用途

铁力木是几种硬木树种中长得最高大、价值又较低廉的一种。它质坚而沉重，心材淡红色，髓线细美，也是极好的建筑材料。种子可以榨油，还可供军工、造船、建筑、特殊机器零件和制作乐器、工艺美术品之用。

▸ 铁力木因树形和叶簇优美、花芳香而栽种于热带气候区。生长缓慢，叶绿色光泽，枝如柳叶，嫩叶猩红色。花芳香，白色黄心。

🐻 树种保护

铁力木作为世界上特殊工业用材和油料树种，我国已经将耿马自治县正式划为自然保护区进行管理，这也是我国面积最大的铁力木林区。

◂ 珍贵的铁力木

最毒的树

箭毒木生长在中国云南西双版纳和海南海康海拔1 000米以下的常绿林中,是一种剧毒植物和药用植物,也是国家三级保护植物。

外形特点

箭毒木为桑科常绿大乔木,又名加独树、加布、剪刀树等,高达30米,具乳白色树液,树皮灰色,具泡沫状凸起,春季开花。现为濒临灭绝的稀有树种,国家三级保护植物。

▶箭毒木的树汁洁白,却奇毒无比。

◀箭毒木是一种药用植物

地理分布

箭毒木多分布于赤道热带地区,我国则散见于广东、广西、海南、云南等省区;印度、越南、老挝、柬埔寨等也有分布。生于丘陵或平地树林中,村庄附近常见。

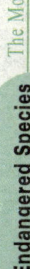

"见血封喉"的毒液

箭毒木的树液有剧毒，树液由伤口进入体内会引起中毒，主要症状有肌肉松弛、心跳减缓，最后心跳停止而死亡。人在中毒后 20 分钟至 2 小时内死亡，所以人们又称它为"见血封喉"。

过去的"箭毒木"

过去，箭毒木的汁液常常被用于战争或狩猎。人们把这种毒汁搀上其他配料，用文火熬成浓稠的毒液，涂在箭头上，野兽一旦被射中，就会立即倒地而死，但兽肉仍可食用，没有毒性。

↑ 有毒的箭毒木树

知识小笔记

箭毒木的毒液具有加速心律、增加心血输出量的作用，在医药学上有研究价值和开发价值。

另类的一面

箭毒木也有好的一面，它的树皮特别厚，富含细长柔韧的纤维，云南省西双版纳的少数民族常巧妙地利用它制作褥垫、衣服或筒裙。

↑ 箭毒木在云南少数民族人民生活中有很大的用途

图书在版编目（CIP）数据

令孩子着迷的100个中国之最/田战省主编. —西安：
陕西科学技术出版社，2009.11（2022.1重印）
（全景百科·学生版）
ISBN 978-7-5369-4724-5

Ⅰ. 令… Ⅱ. 田… Ⅲ. 科学知识—青少儿读物 Ⅳ.
Z228-2

中国版本图书馆CIP数据核字（2009）第187459号

全景百科·学生版
LING HAIZI ZHAOMI DE YIBAIGE ZHONGGUO ZHIZUI
令孩子着迷的100个中国之最

出版人　崔　斌
责任编辑　李　栋
封面设计　李亚兵

出版者　陕西新华出版传媒集团　陕西科学技术出版社
　　　　西安市曲江新区登高路1388号陕西新华出版传媒产业大厦B座
　　　　电话(029) 81205187　传真(029) 81205155　邮编710061
　　　　http://www.snstp.com
发行者　陕西新华出版传媒集团　陕西科学技术出版社
　　　　电话(029) 81205191　81205192
印　刷　三河市燕春印务有限公司
规　格　720 mm×1000 mm　1/20
印　张　11
字　数　183千字
版　次　2009年11月第1版
印　次　2022年1月第3次印刷
书　号　ISBN 978-7-5369-4724-5
定　价　49.80元

版权所有　翻印必究